Klaus Brauer · FORTRAN 77 Ständig im Griff

Klaus Brauer

FORTRAN 77
Ständig im Griff

Dr. Alfred Hüthig Verlag Heidelberg

Diejenigen Bezeichnungen von im Buch genannten Erzeugnissen, die zugleich eingetragene Warenzeichen sind, wurden nicht besonders kenntlich gemacht. Es kann also aus dem Fehlen der Markierung ® nicht geschlossen werden, daß die Bezeichnung ein freier Warenname ist. Ebensowenig ist zu entnehmen, ob Patente oder Gebrauchsmusterschutz vorliegen.

Dipl.-Math. Klaus Brauer, geboren 1940 im Hamburg, Studium der Mathematik, Physik und Astronomie an der Universität Hamburg mit Abschluß 1967 als Diplom-Mathematiker.
1967-69 wissenschaftlicher Angestellter im Rechenzentrum der TU Berlin,
1969-75 Abteilungsleiter im Recheninstitut (später Rechenzentrum) der TU Berlin.
Seit 1975 Leiter des Rechenzentrums der Universität Osnabrück.

CIP-Kurztitelaufnahme der Deutschen Bibliothek

Brauer, Klaus
FORTRAN77 - Ständig im Griff
- Heidelberg : Hüthig, 1988.
ISBN 3-7785-1386-9

® 1988 Dr. Alfred Hüthig Verlag GmbH Heidelberg
Printed in Germany

Vorwort

Lehrbücher über FORTRAN 77 gibt es in der deutschsprachigen Literatur mittlerweise eine ganze Reihe; u.a. das Buch "Programmieren in FORTRAN 77", erschienen vom gleichen Autor 1986 im Hüthig-Verlag.
Das vorliegende Buch weicht bewußt vom Character eines Lehrbuches ab. Es ist völlig ungeeignet für Leser ohne jegliche Kenntnisse einer höheren Programmiersprache, die ihre ersten Schritte in die Welt des Programmierens tun wollen.

Hauptgesichtspunkt bei der Abfassung war es, ein kompaktes Nachschlagewerk für die Sprache FORTRAN 77 zu schaffen, das für alle nützlich ist, die zwar schon in FORTRAN programmiert haben, deren Aktivitäten auf diesem Sektor aber entweder nur sporadischer Natur sind oder schon eine Weile zurückliegen.

Darüber hinaus ist es aber auch für Leser geeignet, die nur FORTRAN IV kennen und sich nun in FORTRAN 77 einarbeiten wollen, ohne ein Werk von mehreren 100 Seiten durcharbeiten zu wollen. Mit gewisser Einschränkung mag das Buch auch nützlich sein für Programmierer, die schon diverse Programmiersprachen beherrschen, die mit den beim Programmieren notwendigen Denkweisen vertraut sind und für die FORTRAN 77 lediglich eine weitere Programmiersprache ist.

Entsprechend dieser Zielsetzung ist das Buch strukturiert. Es ist didaktisch keineswegs linear, d.h. bei der Verdeutlichung gewisser Eigenschaften in Form von Beispielen auf den ersten Seiten werden durchaus Sprachmittel erwähnt, die erst viel später näher beschrieben werden. Auf vollständige, ablauffähige Programmbeispiele, wie sie gerade für den Anfänger von großem Nutzen sein können, wurde der kompakten Darstellung wegen verzichtet.
Über die Umgebung (Hardware, Betriebssystem) sowie über den Begriff des Algorithmus und die Umsetzung von Algorithmen in Programme wird nichts gebracht, da dies beim Leser als bekannt vorausgesetzt wird. Aus dem gleichen Grunde fehlen Übungsaufgaben.

Die Überschriften wurden bewußt so gewählt, daß der Effekt des Wiedererkennens gegeben ist und nicht eine Aussage darüber, was mit dem Inhalt des nächsten Abschnitts gemacht werden kann (also z.B.: "die DATA-Anweisung" anstatt "Vorbesetzung von Variablen"). Insofern schien auch ein Index entbehrlich zu sein, da alle zusammengehörenden Sprachmittel an der gleichen Stelle auftreten. Über die Ein- und Ausgabe finden sich z.B. alle Aussagen im letzten Kapitel - und nur in diesem.

Sämtliche Eigenschaften von FORTRAN 77 (und seien sie auch nur aus historischen Gründen vorhanden) wurden konsequent erwähnt. Leitlinie war dabei der Standard gemäß American National Standards Institute ANSI X.9-1978. Jedwede darüber hinausgehende Eigenschaft, die herstellerspezifisch ist, wurde bewußt fortgelassen.

Auf die Einschränkungen des "subsets" gegenüber der "full language" wurde bewußt verzichtet, da inzwischen eine Reihe von FORTRAN 77-Compilern existiert, die auch für Mikrorechner den vollen Sprachumfang bieten.

Bei den mit einem * gekennzeichneten Abschnitten oder Teilen von Abschnitten handelt es sich um die Beschreibung von Sprachmitteln, die der Autor entweder für überholt hält (z.B. EQUIVALENCE) oder deren Anwendung er im Sinne eines klaren Programmierstils für bedenklich hält (z.B. ENTRY). Der Autor ist sich bewußt, daß er wegen dieser subjektiven Einteilung in empfehlenswerte und nicht-empfehlenswerte Sprachmittel angegriffen wird. Diese Warnungen vor gewissen Sprachmitteln sind jedoch das Ergebnis einer fast 20-jährigen, oft leidvollen Programmiererfahrung.

Die syntaktisch zulässigen Sprachkonstruktionen werden in den einzelnen Kapiteln formal eingeführt, wobei eine gesonderte Darstellung gewählt wird, z.B.

COMMON [/ [cb] /] liste [[,] / [cb] / liste] ...

Zeichenreihen, die aus großen Buchstaben aufgebaut sind (hier: COMMON), sind fest vorgegebene Schlüsselworte. Zeichenreihen aus kleinen Buchstaben stehen für Variabilität (hier z.B. cb). Die eckigen Klammern [und] deuten an, daß alles zwischen ihnen ggf. entfallen kann; die Klammern selbst sind niemals Bestandteil einer Anweisung. Folgen gleichartige Objekte, die im Prinzip beliebig oft hintereinander stehen können, werden sie wie oben durch mehrfache Verwendung gleicher Zeichenreihen (cb, liste) und durch nachfolgende Punkte kenntlich gemacht.

Auch dieses Buch hätte nicht ohne die Mitwirkung weiterer Personen zustande kommen können.

Ganz herzlichen Dank sage ich Frau Jutta Tiemeyer für die gewissenhafte Erstellung einer reproduktionsfähigen Version aus einer - nur schwierig lesbaren - handschriftlichen Vorlage.

Dem Hüthig-Verlag danke ich für seine enorme Geduld hinsichtlich der zeitlichen Verzögerungen, die ich zu vertreten hatte; dem

Lektor, Herrn Dipl.-Ing. Wolfgang Eggerichs, gebührt Dank für die Aufdeckung von Fehlern.

Ganz besonders habe ich meiner Frau und meinen fünf Kindern dafür zu danken, daß sie die Beeinträchtigung des Familienlebens als Folge der Arbeit an diesem Buch ertrugen.

Bramsche-Engter, im November 1987   Klaus Brauer

Inhalt

1. Elemente von FORTRAN 77

1.1	Zeichensatz	9
1.2	Format des Quellprogramms	9
1.3	Namen, Schlüsselwörter, Anweisungen, Programmeinheiten	11

2. Datentypen und Datenstrukturen

2.1	Der Datentyp Integer	13
2.2	Der Datentyp Real	14
2.3	Der Datentyp Double Precision	17
2.4	Der Datentyp Complex	19
2.5	Der Datentyp Logical	20
2.6	Der Datentyp Character	20
2.7	Substrings	22
2.8	Die Datenstruktur Array	24
* 2.9	Die IMPLICIT-Anweisung	28

3. Datenorganisation

3.1	Die PARAMETER-Anweisung	30
3.2	Die DATA-Anweisung	31
* 3.3	Die EQUIVALENCE-Anweisung	35

4. Operatoren, Ausdrücke, Wertzuweisungen

4.1	Arithmetische Operatoren und Ausdrücke	38
4.2	Logische Operatoren und Ausdrücke	41
4.3	Der Character-Operator und Character-Ausdrücke	43
4.4	Vergleichsausdrücke	44
4.5	Hierarchien	49
4.6	Die Wertzuweisung	50

5. Steueranweisungen

5.1	Sprunganweisungen	54
5.2	Die CONTINUE-Anweisung	56
5.3	Die DO-Anweisung	57
5.4	Abfrageanweisungen	62

6. Hauptprogramm und Unterprogramme

6.1	Allgemeines	70
6.2	Das Hauptprogramm	72
6.3	Anweisungsfunktionen	73
6.4	Eingebaute Funktionen	75
6.5	Functions	83
6.6	Subroutines	88
6.7	Besonderheiten bei Arrays, Character-Größen und Unterprogrammen als Parametern (die Anweisungen EXTERNAL und INTRINSIC)	92
* 6.8	Die ENTRY-Anweisung	99
* 6.9	Alternative Rücksprünge aus Subroutines	101
6.10	Die COMMON-Anweisung	103
6.11	Block Data-Unterprogramme	107
6.12	Die SAVE-Anweisung	109
* 6.13	Die PAUSE-Anweisung	110

7. Ein- und Ausgabe

7.1	Dateien	111
7.2	Die Anweisungen READ, WRITE und PRINT	113
7.3	Ein-/Ausgabelisten	118
7.4	Die FORMAT-Anweisung und Format-Descriptoren	122
7.5	Listengesteuerte Ein-/Ausgabe	138
7.6	Die Anweisungen OPEN, CLOSE und INQUIRE	140
7.7	Die Anweisungen ENDFILE, BACKSPACE und REWIND	146

1. Elemente von FORTRAN 77

1.1 Zeichensatz

Jedes Programm ist aus Zeichen aufgebaut. Gebildet werden mit diesen Zeichen Konstanten (Zahlen, logische Konstanten, Zeichenketten), Variable und Operationen zwischen diesen sowie Schlüsselwörter für ausführbare und nicht-ausführbare Anweisungen.

49 Zeichen sind zur Bildung von FORTRAN 77-Programmen zugelassen; es sind:

A B C D E F G H I J K L M N O P Q R   alphanumerische Zeichen
S T U V W X Y Z 0 1 2 3 4 5 6 7 8 9

= + - * / ( ) , . ' $: □   Sonderzeichen

Bemerkungen: - Zwischen Groß- und Kleinbuchstaben wird nicht unterschieden

- Bei der Zeichenverarbeitung sind weitere Zeichen zugelassen, insbesondere die kleinen Buchstaben und weitere Sonderzeichen, sofern diese im Zeichenvorrat der benutzten Maschine vorgesehen sind.

- Mit □ wird der Zwischenraum (blank) bezeichnet.

- Das Zeichen $ wird auf Bildschirmen oder Druckern bisweilen durch ein gänzlich anderes Zeichen (verschieden auch von den übrigen 48) repräsentiert.

1.2 Format des Quellprogramms

Die Quelle eines FORTRAN 77-Programms besteht aus Sätzen (records). Ein Satz umfaßt je nach Eingabegerät eine Zeile auf dem Bildschirm oder (historisch) eine Lochkarte. Bei Ausdruck des Quellprogramms auf einem Drucker nimmt ein Satz gerade eine Zeile ein.

Ein Satz umfaßt 80 Zeichen; es gelten folgende Regeln:

- Steht in Position 1 eines Satzes der Buchstabe C oder das Zeichen *, so gilt der Rest des Satzes (oder Zeile) als Kommentar. Er darf alle Zeichen enthalten, die in dem Rechner codiert werden können (also mehr als die 49 Zeichen aus Abschnitt 1.1).

  Eine Zeile, die in den ersten 72 Spalten nur blanks enthält, gilt ebenfalls als Kommentarzeile.

  Kommentarzeilen sind bei Auflistung der Programmquelle lediglich für den menschlichen Leser gedacht; sie werden vom Compiler beim Übersetzen ignoriert.

  Ist eine Zeile keine Kommentarzeile, so gilt:

- In den Positionen 1 bis 5 stehen entweder blanks oder eine maximal 5-stellige vorzeichenlose ganze Zahl. Die Zahl darf irgendwo in diesem Bereich stehen, sie darf sogar blanks zwischen den einzelnen Ziffern enthalten; führende Nullen sind ohne Bedeutung.

  □□123, 123□□, □123□, 1□23□, 1□2□3, □12□3, 0123□

  bedeuten alle die gleiche Zahl 123.

  Diese Zahl heißt Marke (label); sie wird nur gebraucht, wenn auf die so markierte Zeile Bezug genommen wird.

- Steht in Position 6 ein Zeichen, welches verschieden ist von □ oder 0, so wird die Zeile als Fortsetzungszeile der vorherigen Zeile gedeutet. Sie darf dann keine Marke enthalten. Steht eines der Zeichen □ oder 0, so handelt es sich um eine Zeile, in der eine Anweisung beginnt. Bis zu 19 aufeinander folgende Fortsetzungszeilen sind erlaubt.

- Die Positionen 7 bis 72 dienen zur Aufnahme einer Anweisung (bei Fortsetzungszeilen zu deren Fortsetzung). Paßt eine Anweisung nicht in die Positionen 7 bis 72, dann ist mindestens eine Fortsetzungszeile nötig.

  Jede Anweisung muß auf einer neuen Zeile beginnen.

- Die Positionen 73-80 werden vom Compiler ignoriert; sie können für einen Kurzkommentar oder eine Numerierung verwendet werden. Achtung: Wird irrtümlich eine Anweisung über Position 72 hinaus geschrieben, dann wird sie als unvollständig diagnostiziert (Fehlermeldung des Compilers!) oder es tritt ein unbeabsichtigter Effekt ein (wenn nämlich der Programmtext auch ohne die Zeichen ab Position 73 syntaktisch richitg ist).

1.3 Namen, Schlüsselwörter, Anweisungen, Programmeinheiten

Zur Bezeichnung von Variablen der unterschiedlichen Datentypen, von benannten Konstanten, ggf. des Hauptprogrammes, von Unterprogrammen und von Speicherbereichen, die für mehrere Programmeinheiten gemeinsam sind, kann der Programmierer sog. Namen wählen.

Ein Name kann aus bis zu 6 alphanumerischen Zeichen bestehen; das erste Zeichen muß ein Buchstabe sein. Blanks können beliebig dazwischen eingestreut werden.

Es gibt eine Reihe von Buchstabenkombinationen mit fester Bedeutung, die sog. Schlüsselwörter (key words). Dies sind die "Vokabeln" von FORTRAN 77. Schlüsselwörter - wenn sie aus bis zu 6 Zeichen bestehen - dürfen auch als Namen verwendet werden. Kontextabhängig wird die richtige Bedeutung erkannt.

Von dieser Möglichkeit wird dringend abgeraten, da sie das Programm schwer lesbar macht und dadurch die Fehleranfälligkeit erhöht.

Beispiele für Namen:

erlaubt: Y, A9999, A☐B☐C☐D☐E☐F

verboten: 2A, ERGEBNIS, 4(B, XX*

Liste aller Schlüsselwörter für Anweisungen in FORTRAN 77:

ASSIGN, BACKSPACE, BLOCK DATA, CALL, CHARACTER, CLOSE, COMMON, COMPLEX, CONTINUE, DIMENSION, DO, DOUBLE PRECISION, ELSE, ELSE IF, END, END IF, ENDFILE, ENTRY, EQUIVALENCE, EXTERNAL, FORMAT, FUNCTION, GO TO, IF, IMPLICIT, INQUIRE, INTEGER, INTRINSIC, LOGICAL, OPEN, PARAMETER, PAUSE, PRINT, PROGRAM, READ, REAL, RETURN, REWIND, SAVE, STOP, SUBROUTINE, WRITE

Ferner gibt es eine Reihe von Schlüsselwörtern als Spezifikationen für die Parameter der Anweisungen zur Dateibearbeitung (siehe Kapitel 7).

Eine große Anzahl von Namen sind außerdem für eingebaute Unterprogramme verwendet worden (siehe Kapitel 6). Auch sie sind keine "reserved words", sondern können - wovon allerdings abzuraten ist - vom Programmierer für andere Zwecke frei verwendet werden.

Der Programmtext besteht aus ausführbaren Anweisungen, nicht-ausführbaren Anweisungen und Kommentaren. Kommentare können überall stehen, auch vor der ersten Anweisung sowie innerhalb von Anweisungen, wenn sich diese über mehr als eine Zeile erstrecken (Merke: Ein Kommentar umfaßt immer mindestens eine ganze Zeile).

Ein Programm besteht immer aus einem Hauptprogramm und beliebig vielen Unterprogrammen.

Jede Programmeinheit (Hauptprogramm oder Unterprogramm) kann getrennt von jeder anderen übersetzt werden; näheres siehe Kapitel 6.

Jede Programmeinheit enthält

- Deklarationen zur Festlegung von Datentypen und Datenstrukturen sowie zur Datenorganisation (stets am Anfang der Programmeinheit, siehe Kapitel 2 und 3)

- Anweisungen zur Verknüpfung von Datenelementen und zur Formulierung von Algorithmen (siehe Kapitel 4 und 5)

- ggf. Aufrufe von Unterprogrammen und Anweisungen zu Rücksprüngen in rufende Programme (siehe Kapitel 6)

- Anweisungen zur Eingabe und Ausgabe von Daten sowie Anweisungen zur Dateibehandlung (siehe Kapitel 7)

- nicht-ausführbare Anweisungen zur Steuerung der Ein-/Ausgabe (FORMAT); diese können an beliebiger Stelle in der Programmeinheit stehen (siehe Kapitel 7).

2. Datentypen und Datenstrukturen

2.1 Der Datentyp Integer

Dieser Datentyp umfaßt lückenlos alle ganzen Zahlen, wobei es auf jedem Rechner eine kleinste und eine größte darstellbare Zahl gibt. Bezeichnet man die kleinste Zahl mit k und die größte mit g, so gilt i.a.: $k = -g$ oder $k = -(g+1)$. k und g sind abhängig vom jeweils benutzten Rechner. Alle ganzen Zahlen z mit $k \leq z \leq g$ werden im Rechner exakt dargestellt. Eine Integer-Größe belegt einen Speicherplatz (Wort). Konstanten dieses Typs werden in einem FORTRAN 77-Programm als eine Folge von Dezimalziffern geschrieben, vor denen ggf. eines der Zeichen + oder - stehen kann. Das Pluszeichen ist entbehrlich, die Zahl wird als positiv angenommen. Soll die Zahl negativ sein, dann muß ein Minuszeichen stehen.

Beispiele für Konstanten des Datentyps Integer:

    0, 1, -1, 999999, -101235, 17, +27, 27

Variable des Datentyps Integer werden im Deklarationsteil einer Programmeinheit wie folgt festgelegt:

    INTEGER v [,v] ...

Jedes v steht für den Namen einer Variablen oder eines Arrays vom Typ Integer.

Beispiel: INTEGER M, N, ZAHL, NUMBER, DATUM, Z(30)

Die sogenannte implizite Typenfestlegung gestattet es, auf die Deklaration von Integer-Variablen ganz oder teilweise zu verzichten.

Alle in einer Programmeinheit auftretenden Variablennamen, die nicht anders deklariert wurden, werden automatisch als vom Typ Integer angenommen, wenn sie mit einem der Buchstaben

beginnen.   I, J, K, L, M, N

ACHTUNG: Diese Möglichkeit von FORTRAN stellt eine zusätzliche Fehlerquelle dar. Falls ein Schreibfehler passiert und der irrtümlich hingeschriebene Name mit einem der genannten Buchstaben beginnt, so wird nicht der Wert der eigentlich gemeinten Variablen benutzt, sondern der (i.a. undefinierte oder mit Null initialisierte) Wert der "neuen" Variablen, die durch den Schreibfehler entstanden ist.

2.2 Der Datentyp REAL

Dieser Datentyp umfaßt nicht-ganze Zahlen und zwar - da auf jedem Rechner nur eine begrenzte Anzahl von Nachkommastellen einer Zahl angebbar ist - nur eine endliche Teilmenge der rationalen Zahlen. Jede Real-Zahl repräsentiert im Grunde ein Intervall reeller Zahlen. Eine Real-Größe belegt einen Speicherplatz (Wort). Die Zahlen dieses Typs werden im Rechner als normalisierte Gleitpunktzahlen dargestellt, d.h. in der Form:

$$x = m \cdot b^e$$

(m: Mantisse, b: Basis, e: Exponent).

Für m steht eine feste Anzahl von Stellen (i.a. unterschiedlich für verschiedene Rechner) zur Verfügung.

Normalisiert bedeutet: Entweder ist der Punkt, der die Stelle markiert, bei der der gebrochene Anteil beginnt, *vor* der ersten Ziffer zu denken (die erste Ziffer selbst darf dann keine Null sein) oder er ist *hinter* der letzten Ziffer zu denken (Rechner der Firma Control Data).

Die interne Darstellung wird i.a. zu einer der Basen 2, 8 oder 16 gewählt; charakteristisch für den Bereich darstellbarer Zahlen und für die Genauigkeit sind die folgenden 4 Größen:

b: Basis des Zahlsystems

t: Anzahl der Mantissenstellen zur Basis b

e_{min}:   kleinster Exponent zur Basis b

e_{max}:   größter Exponent zur Basis b

Darstellbar sind dann die folgenden Zahlen:

$x = 0.0$

alle x mit $x = \pm b^e (m_1 b^{-1} + ... + m_t b^{-t})$

wobei gilt: $1 \leq m_1 < b$

$$0 \leq m_i < b \quad (i = 2,3,\ldots,t)$$

$$e_{min} \leq e \leq e_{max}$$

Aus den 4 charakteristischen Größen sind ableitbar:

$$r := b^{e_{min}-1} \quad \text{(betragsmäßig kleinste, noch von Null verschiedene Zahl)}$$

$$R := b^{e_{max}} * (1 - b^{-t}) \quad \text{(betragsmäßig größte Zahl)}$$

$$\varepsilon_r := \begin{cases} b^{1-t} & \text{, wenn die Maschine abschneidet} \\ (b/2 + \bmod(b,2))*b^{-t} & \text{, wenn die Maschine rundet} \end{cases}$$

Diese Größe wird das Maschinenepsilon genannt; sie ist ein Maß für die Genauigkeit, mit der gerechnet werden kann. Es gilt für dieses ε_r, daß alle Zahlen ε mit $0 < \varepsilon < \varepsilon_r$ auf dem Rechner bei der Addition bewirken, daß

$$1 + \varepsilon = 1 \quad \text{gilt.}$$

Beispiele:

(1) Rechner der Hersteller IBM und Siemens sowie IBM-kompatible:

Darstellung einer Real-Zahl in 32 Bit (= 4 Byte)

$b = 16, t = 6, e_{min} = -64, e_{max} = 63$ (Maschinen schneiden ab)

Es folgt: $r = 16^{-65} \approx 5.4 * 10^{-79}$

$R = 16^{63} (1 - 16^{-6}) \approx 7.24 * 10^{75}$

$\varepsilon_r = 16^{-5} \approx 9.5 * 10^{-7}$

(2) Rechner des Herstellers Control Data, Darstellung einer Real-Zahl in 60 Bit (neue Architektur: 64 Bit).

Für die bisherige Architektur gilt:

$b = 2, t = 48, e_{min} = -974, e_{max} = 1070$ (Maschine schneidet ab)

Hier ist der Dualpunkt hinter der Mantisse zu denken.

Es folgt: $r = 2^{-975} \approx 3.13 * 10^{-294}$

$R = 2^{1070}(1 - 2^{-48}) \approx 1.26 * 10^{322}$

$\varepsilon_r = 2^{-47} \approx 7.1 * 10^{-15}$

(3) Standard des IEEE (Definition einer rechnerunabhängigen Darstellung von Real-Zahlen).

$b = 2, t = 23, e_{min} = -128, e_{max} = 127$

Es folgt: $r = 2^{-129} \approx 1.45 * 10^{-39}$

$R = 2^{127}(1 - 2^{-23}) \approx 1.7 * 10^{38}$

$\varepsilon_r = 2^{-22} \approx 2.3 * 10^{-7}$ bei Abschneiden

$\varepsilon_r = 2^{-23} \approx 1.15 * 10^{-7}$ bei Runden.

Konstanten des Datentyps Real können auf zwei verschiedene Arten geschrieben werden

(1) Als *Festpunktzahlen*

Hierbei besteht die Zahl aus ggf. einem Vorzeichen, einer Folge von Ziffern (ganzer Anteil), einem Dezimal*punkt* und einer weiteren Folge von Ziffern (gebrochener Anteil).
Treten nach dem Dezimalpunkt nur noch Nullen auf, so können diese (nicht aber der Punkt selber) entfallen.
Ist die Zahl kleiner als 1, so kann die Null vor dem Dezimalpunkt (nicht aber der Punkt selber) entfallen. Ganzzahliger und gebrochener Anteil können nicht beide gleichzeitig entfallen.

Merke: Der gebrochene Teil wird stets durch einen Dezimal*punkt*, nicht durch ein Komma vom ganzen Teil getrennt.

Beispiele:

1.23456, -9999.0001, 0.00034, -0.1357, -.1357, 17.00, 17., -3., 0.0, .0, 0., -1.

(2) Als *Gleitpunktzahlen*

Im Gegensatz zur maschineninternen Darstellung müssen diese nicht normalisiert sein, die Basis ist 10.
Eine Gleitpunktzahl besteht aus einer ganzen Zahl oder einer Festpunktzahl, gefolgt von dem Buchstaben E und darauf folgend einer ganzen Zahl (dem Exponenten zur Basis 10).

Beispiele:

123.456E-2, -0.99990001E4, 36E+04, 34E-5, -.01E-7,
0.00033333E+7, 1.E-06, 1.0E-6

Variable des Datentyps Real werden im Deklarationsteil einer Programmeinheit wie folgt festgelegt:

REAL v [,v] ...

Jedes v steht für den Namen einer Variablen oder eines Arrays vom Typ Real.

Beispiel: REAL ERGEBN, A(17), WERT, X, Y, Z, W(70), X(50)

Die sogenannte implizite Typfestlegung gestattet es, auf die Deklaration von Real-Variablen ganz oder teilweise zu verzichten. Alle in einer Programmeinheit auftretenden Variablennamen, die nicht anders deklariert werden, werden automatisch als vom Typ Real angenommen, wenn sie mit einem der Buchstaben

A bis H oder O bis Z

beginnen.

Bezüglich der möglichen negativen Folgen dieser impliziten Festlegung siehe Bemerkung am Schluß von Abschnitt 2.1.

2.3 Der Datentyp Double Precision

Dieser Datentyp umfaßt eine Obermenge der darstellbaren Real-Zahlen. Intern im Rechner steht doppelt so viel Speicherplatz zur Verfügung wie bei einer Real-Zahl; eine Double Precision-Größe belegt 2 aufeinanderfolgende Speicherplätze (2 Worte).

Angaben über betragsmäßig größte und kleinste Zahl sowie über die Genauigkeit ergeben sich wieder aus den 4 charakteristischen Größen b, t, e_{min} und e_{max} (siehe 2.2).

Dabei ist stets das b gleich dem für Real-Zahlen, t ist etwa doppelt so groß (aber i.a. nicht genau dopppelt so groß wie bei Real-Zahlen), e_{min} und e_{max} sind bei den meisten Rechnern mit den entsprechenden Werte für Real-Zahlen gleich, bisweilen aber ist e_{min} kleiner und e_{max} größer als bei Real-Zahlen.

Beispiele:

(1) Rechner der Hersteller IBM und Siemens sowie IBM-kompatible

$b = 16, t = 14, e_{min} = -64, e_{max} = 63$

Es folgt: r und R wie bei Real-Zahlen
Das Maschinenepsilon der Double Precision-Zahlen bezeichnen wir mit
ε_d, es ist:

$\varepsilon_d = 16^{-13} \approx 2.2 * 10^{-16}$

(2) Rechner des Herstellers Control Data (alte Architektur)

$b = 2, t = 96, e_{min} = -927, e_{max} = 1070$

Es folgt: $r = 2^{-928} \approx 4.41 * 10^{-280}$, R wie bei Real-Zahlen

$\varepsilon_d = 2^{-95} \approx 2.52 * 10^{-29}$

(3) Standard des IEEE

$b = 2, t = 52, e_{min} = -1024, e_{max} = 1023$

Es folgt: $r = 2^{-1025} \approx 2.59 * 10^{-309}$

$R = 2^{1023}(1 - 2^{-52}) \approx 8.98 * 10^{307}$

$\varepsilon_d = 2^{-51} \approx 4.13 * 10^{-16}$ bei Abschneiden

$\varepsilon_d = 2^{-52} \approx 2.07 * 10^{-16}$ bei Runden.

Konstanten des Datentyps Double Precision können nur als Gleitpunktzahlen geschrieben werden.
Sie sehen formal genauso aus wie Konstanten des Datentyps Real, nur daß der Buchstabe E hier durch den Buchstaben D ersetzt wird. Außerdem ist es natürlich möglich und sinnvoll, mehr Stellen anzugeben als bei Real-Konstanten, ohne daß diese wegen der begrenzten Genauigkeit durch Auf- oder Abrunden verlorengehen.

Beispiele:

```
3.141592653589793284626430, 1.0D-4, 7D-3,
0.6666666666666666666D2, 223D+4, .0197D-6
```

Ein (fiktiver) Rechner habe eine Genauigkeit von 10 Dezimalstellen für Real-Zahlen, d.h. $\varepsilon_r = 10^{-10}$. Für Double Precision-

Zahlen sei ε_d = 10⁻²⁰, d.h. die Genauigkeit betrage 20 Dezimalstellen.

Schreibt man dann die Konstante 3.1415926535897932846E0, so wird daraus intern der Wert 3.141592654, der Rest geht wegen der beschränkten Genauigkeit verloren.

Schreibt man dagegen 3.1415926535897932846D0, so wird daraus intern der Wert 3.141592653589793285, d.h. hier wird erst nach der 20. Stelle gerundet.

Variable des Datentyps Double Precision werden im Deklarationsteil einer Programmeinheit wie folgt festgelegt:

DOUBLE PRECISION v [,v] ...

Jedes v steht für den Namen einer Variablen oder eines Arrays vom Typ Double Precision.

Beispiel:

```
DOUBLE PRECISION PI, GENAU, KLEIN, P(300), VEKTOR (50)
```

2.4 Der Datentyp Complex

Dieser Datentyp umfaßt alle Paare von Real-Zahlen entsprechend der mathematischen Darstellung für eine komplexe Zahl z als

z = x + iy   mit x, y ∈ **R** und der imaginären Einheit i, für die
             i² = 1 gilt.

Eine komplexe Konstante wird geschrieben als

(re, im)

wobei re und im Konstanten des Typs Real sind. Für sie gelten alle Aussagen aus 2.2. Eine Complex-Größe belegt zwei aufeinanderfolgende Speicherplätze (2 Worte).

Beispiele:	*Konstante*	*Bedeutung*
	(1., 0.)	1.0
	(0.0, 1.0)	i
	(3.17, -0.34E-2)	3,17 - 0,0034i
	(4E-1, 2.0E+1)	0,4 + 20i
	(-.99, 1E-1)	-0,99 + 0,1i

Variable des Typs Complex werden im Deklarationsteil einer Programmeinheit wie folgt festgelegt:

COMPLEX v [,v] ...

Jedes v steht für den Namen einer Variablen oder eines Arrays vom Typ Complex.

2.5 Der Datentyp Logical

Dieser Datentyp umfaßt nur 2 Konstanten, nämlich die beiden Wahrheitswerte "Wahr" und "Falsch".
Die beiden Konstanten werden wie folgt bezeichnet:

```
.TRUE.   für "Wahr"
.FALSE.  für "Falsch"
```

Die beiden Punkte sind syntaktisch wichtig. Da es in keinem Zeichensatz zwei spezielle Zeichen für "Wahr" und "Falsch" gibt, wurde die Hilfskonstruktion mit Buchstaben gewählt. Ohne die Punkte würden die Buchstabenfolgen als Variable interpretiert, die - wenn nicht explizit deklariert - vom Typ Real wären.
Eine Logical-Größe belegt einen Speicherplatz (Wort).

Variable des Typs Logical werden im Deklarationsteil einer Programmeinheit wie folgt festgelegt:

LOGICAL v [,v] ...

Jedes v steht für den Namen einer Variablen oder eines Arrays vom Typ Logical.

Beispiel:

```
LOGICAL FRAGE, TEST, BOOLE, Z, K1, BFELD(10)
```


2.6 Der Datentyp Character

Der Datentyp Character dient zur Verarbeitung von *Zeichen*. Eine Konstante dieses Typs besteht aus einer nicht-leeren Folge von Zeichen, die beidseitig durch ein Apostroph begrenzt wird. Die Folge darf jedes Zeichen enthalten, das auf dem benutzten Rechner repräsentierbar ist - also auch weitere Zeichen als die 49 zum Aufbau eines FORTRAN 77-Programmes benötigten.

Die beiden Apostrophe dienen nur als Begrenzer, sie sind *nicht* Teil des Wertes der Konstanten. Soll das Zeichen Apostroph selbst in der Zeichenfolge vorkommen, so ist es durch zwei unmittelbar aufeinanderfolgende Apostrophe darzustellen (aber ohne blank dazwischen).

Im Gegensatz zu Anweisungen und zu Konstanten der bisher beschriebenen Datentypen, in denen beliebig blanks ohne Bedeutung eingestreut werden können, sind blanks in einer Zeichenfolge signifikant, da sie genauso eine Bedeutung als Zeichen haben wie jedes andere Zeichen.

Die *Länge* einer Character-Konstanten ist die Anzahl der Zeichen zwischen den beiden begrenzenden Apostrophen, zwei unmittelbar aufeinanderfolgende Apostrophe werden dabei als *ein* Zeichen gezählt.

Die Anzahl der Zeichen muß größer als Null sein, die leere Zeichenfolge ist in FORTRAN 77 nicht erlaubt.

Beispiele:

Character-Konstante	Wert	Länge
'ZEICHEN'	ZEICHEN	7
'TEXT'	TEXT	4
'T□E□X□T'	T□E□X□T	7
''''	'	1
'DON''T□CRY'	DON'T□CRY	9
'''UEBERSCHRIFT'''	'UEBERSCHRIFT'	14
'1234567890'	1234567890	10

Variable des Typs Character werden im Deklarationsteil einer Programmeinheit wie folgt festgelegt:

CHARACTER [*l[,]] v [*l] [,v [*l]] ...

Jedes v steht für den Namen einer Variablen oder eines Arrays vom Typ Character.
l ist die Längenangabe (Anzahl oder Zeichen); sie kann folgende Form haben:

(1) Eine vorzeichenlose positive Integer-Konstante

(2) Ein Ausdruck, der nur Integer-Konstante enthält; dazu zählen auch die in einer PARAMETER-Anweisung festgelegten benannten Konstanten. Der Ausdruck ist in runde Klammern

einzuschließen; sein Ergebnis muß positiv sein. Eine einfache benannte Konstante gehört auch hierzu und nicht zu (1).

(3) Ein Stern in runden Klammern, d.h. die Zeichenfolge (*). Hiermit wird eine variable Länge angedeutet. Diese Möglichkeit wird im Zusammenhang mit Unterprogrammen ausgenutzt (Variable vom Typ Character variabler Länge als formale Parameter). Außerdem ist die Deklaration mit der Längenangabe (*) zulässig, wenn die Variable anschließend in einer PARAMETER-Anweisung zu einer benannten Character-Konstanten wird. Die tatsächliche Länge ist dann durch die Anzahl der Zeichen der dort angegebenen Zeichenfolge festgelegt.

Die Längenangabe l unmittelbar hinter dem Schlüsselwort CHARACTER legt die Länge für jede Variable in der darauf folgenden Liste fest, sofern der Name dieser Variablen keine eigene Längenangabe enthält. Folgt eine Längenangabe unmittelbar auf einen Variablennamen, so gilt diese Längenangabe nur für die Variable, hinter deren Namen sie steht. Die Längenangabe hinter dem Schlüsselwort CHARACTER wird dann für diese Variable außer Kraft gesetzt. Bei einem Array gilt die Längenangabe für alle Elemente des Arrays. Fehlt jede Längenangabe, dann ist die Länge Eins gemeint.

Beispiele:

(1)
```
INTEGER    K,L
CHARACTER  ZEICHN, BLANK, FINIS*4, KRIT*(*)
PARAMETER  (KRIT='BEDINGUNG□ERFUELLT', K=4, L=10)
CHARACTER*(K+3), A(10), M*(K+L-1), B(20,4)*(L)
```

(2)
```
INTEGER    ANZAHL, FELD, LAENGE
PARAMETER  (ANZAHL=24, LAENGE=80, FELD=25)
CHARACTER*80, A(0:FELD)*(LAENGE), B(0:FELD-1),
+             TEXT*(ANZAHL+2), SATZ, RECORD*133
CHARACTER*(*) P,Q,R
PARAMETER  (P='SEITE:', Q='□VON', R='□SEITEN')
```

2.7 Substrings

Die Konstanten des Datentyps Character sind Zeichenfolgen oder Strings. Im Gegensatz zu den anderen Datentypen kann bei Strings der Länge >1 die Notwendigkeit bestehen, auf einzelne Zeichen oder auf nur ein Zeichen des Strings zugreifen zu müssen.

Ein zusammenhängender Teil eines Strings heißt "Substring". Besteht z.B. ein String aus 10 Zeichen, dann ist jedes einzelne Zei-

chen ein Substring. Aber auch die 3 ersten Zeichen, die letzten 5 Zeichen oder die Zeichen 3-8 bilden einen Substring.
Kein Substring wäre ein Objekt, das aus dem ersten und dem letzten Zeichen besteht (nicht zusammenhängend).

Ein Substring tritt nie im Deklarationsteil auf, sondern nur in ausführbaren Anweisungen, wenn gezielt auf Teile eines Strings Bezug genommen wird (z.B. bei Wertzuweisungen oder bei Ein-/Ausgabeanweisungen).

Formale Gestalt eines Substrings:

    v ([e_1] : [e_2])

Dabei ist v der Name einer Variablen vom Typ Character oder v ist ein Array*element*, wobei das Array vom Typ Character ist.

e_1 und e_2 sind Ausdrücke vom Typ Integer (im einfachsten Fall eine Konstante, aber auch beliebig komplizierte Ausdrücke, in denen Arrayelemente und Funktionen-Aufrufe vorkommen dürfen).

Es muß dabei gelten: $1 \leq e_1 \leq e_2 \leq l$, wobei l die Länge des Strings ist.

Die Angaben zu e_1 und e_2 können entfallen; entfällt die Angabe zu e_1, so wirkt dies wie $e_1 = 1$; entfällt die Angabe zu e_2, so wirkt dies wie $e_2 = l$. Entfallen beide Angaben, so wirkt dies wie $e_1 = 1$ und $e_2 = l$, und der Substring ist gleich dem String.

Die Länge des Subtrings ist $e_2 - e_1 + 1$.

Der FORTRAN 77-Standard macht keine Aussagen für die Fälle, daß $e_1 < 1$ und/oder $e_2 > l$ angegeben wird.
Die Wirkung ist dann unvorhersehbar.

Beispiele:

Deklariert sei:

```
INTEGER    I, J, K, L, M, N, TAFEL(15)
CHARACTER*16    A, B(10), C (5,5), D(10,10,2)*4
```

Dann sind folgende Substring-Namen beispielsweise möglich:

```
A(2:4), A(8:), A(:10), B(3)(3:6), B(J)(:8),
C(I,J)(K:L+1), C(1,M-1)(:TAFEL(I)*2),
D(I,J,K)(3:3), D(1,10,N)(TAFEL(3)-K)/2:)
```

Voraussetzung: Alle als Array-Indices oder als Substring-Begrenzer auftretenden Variablen sowie alle aus solchen gebildeten Ausdrücke müssen bei Benutzung aktuelle Werte haben, die mit den in den Deklarationen angegebenen Beschränkungen verträglich sind.

2.8 Die Datenstruktur Array

Zusammenfassungen von Daten *gleichen* Typs heißen Arrays. Der Begriff "gleich" ist dabei ganz eng auszulegen; z.B. müssen bei einem Array des Typs Character alle Strings gleich lang sein.
Arrays gibt es zu jedem der 6 Datentypen (Abschnitt 2.1 bis 2.6).

Die *Deklaration* eines Arrays kann auf verschiedene Weise geschehen:

(1) **typ v (d [,d] ...)**

(2) **DIMENSION v (d [,d] ...)**

(3) **typ v**
.
.
.
DIMENSION v (d [,d] ...)

(4) **typ v**
.
.
.
COMMON [/ [cb] /] v (d [,d] ...)

v ist der Name einer Variablen, die ein komplettes Array bezeichnet. typ steht für eines der 6 Schlüsselwörter INTEGER, REAL, DOUBLE PRECISION, COMPLEX, LOGICAL, CHARACTER bzw. CHARACTER∗l (l wie in 2.6 beschrieben).

Mehrere Array-Namen, jeweils mit vollständigen Angaben (d [,d] ...) dürfen hintereinander in einer Liste auftreten.
Jedes d - die Dimensionierung - hat folgende formale Gestalt:

   [d_1 :] d_2

d_1 ist die Untergrenze (der kleinste zulässige Index), d_2 ist die Obergrenze (der größte zulässige Index),. Fehlt die Angabe zu d_1, dann gilt automatisch d_1 = 1. Stets muß gelten $d_1 \leq d_2$. d_1 und d_2 dürfen Ausdrücke sein, die aus Integer-konstanten und benannten Konstanten bestehen (letztere müssen aber *vor* der Deklaration des Arrays in einer PARAMETER-Anweisung auftreten).

Tritt die Deklaration des Arrays in einem Unterprogramm auf (FUNCTION oder SUBROUTINE), so dürfen d_1 und d_2 auch Variablen vom Typ Integer sein bzw. Ausdrücke, die aus solchen gebildet werden. Einschränkende Bedingung ist dann, daß sowohl der Name des Arrays als auch *alle* Variablen, die zur Bildung von d_1 und d_2 verwendet werden, als Parameter in der Parameterliste der ersten Anweisung des Unterprogrammes auftreten müssen.

Stehen k (k = 1, 2, ...) Angaben zu d, so nennt man das Array k-dimensional. k darf höchstens 7 sein.

Für den Fall, daß ein Array formaler Parameter eines Unterprogrammes ist, ist für d auch die Form

[d_1 :] *

möglich, jedoch nur für die letzte (am weitesten rechts stehende) Dimensionierung. Angedeutet wird damit eine variable obere Grenze in der letzten Dimension. Die tatsächliche Anzahl von Elementen ergibt sich beim Aufruf des Unterprogrammes durch die Anzahl der Elemente des aktuellen Parameters (näheres siehe Kapitel 6).

Beispiele:

```
Zu (1):   INTEGER TAB(10,20), KK(0:99), P(1:10, -10:10,4)
     +        M, N, K, L, UNTEN, OBEN
          PARAMETER (K = -20, L = 100, M = 10, N = 5,
     +        UNTEN = 1, OBEN = 50)
          REAL    X(60), Y(M), Z(UNTEN-1:2*OBEN)
          COMPLEX ZETA (M,N), ZETA1(0:M-1, 0:N-1)
          CHARACTER*4, ZEICHN(K:M,N)*8, WERT(0:L)
          LOGICAL BOOLE((M+N)*2)

Zu (2):   DIMENSION X(60), Y(10, 0:99), KK(0:99), M1(15)

Zu (3):   INTEGER KK, M1
          REAL    X, Y
          DIMENSION KK(0:99), M1(15), X(60), Y(10, 0:99)
```

Die Beispiele (2) und (3) sind völlig gleichwertig. Variante (2) setzt die implizite Typfestlegung voraus (siehe 2.1 und 2.2), d. h. es lassen sich - je nach Anfangsbuchstaben des Arraynamens - überhaupt nur Arrays der Typen Integer und Real auf diese Weise vereinbaren.

Variante (3) vermeidet diese Einschränkung, z.B.

```
LOGICAL   BOOLE
DIMENSION BOOLE(30)
```

Beide Varianten sind indes völlig überflüssig.
Alle gewünschten Deklarationen von Arrays beliebigen Typs können - und sollten unter Vermeidung des völlig überflüssigen Schlüsselwortes DIMENSION - mit Variante (1) erfolgen.

Variante (4) spielt eine Rolle bei der Festlegung gemeinsamer Speicherbereiche für verschiedene Programmeinheiten (siehe Kapitel 6).

Beispiel für Variante (4):

```
REAL X, Y
DOUBLE PRECISION DX, DY
      .
      .
      .
COMMON / FELDER / X(10,10), Y(10), DX(10,10), DY(10)
```

Beispiele zu Deklarationsmöglichkeiten bei Unterprogrammen:

(1)
```
REAL FUNCTION INPROD(N, A, B)
INTEGER N
REAL A(N), B(N)
```

(2)
```
REAL FUNCTION INPROD (A, B)
REAL A(*), B(*)
```

(3)
```
SUBROUTINE S(NMAX, N, A)
INTEGER NMAX, N
REAL A(NMAX, N)
```

(4)
```
SUBROUTINE S(NMAX, A)
INTEGER NMAX
REAL A(NMAX, *)
```

Die Beispiele (1) und (2) sowie (3) und (4) sind in dem Sinne gleichwertig, als daß variabel viele Elemente für das Array festgelegt werden. Die Beispiele (1) und (3) sind aber eleganter, da die Obergrenze durch einen Parameter steuerbar ist, während bei (2) und (4) die Obergrenze des aktuellen Parameters die Obergrenze des Arrays bestimmt.

ACHTUNG: Verboten ist in FORTRAN 77 die Angabe einer Variablen zur Begrenzung, d.h.

```
REAL A(N)
```

Diese Schreibweise ist nur erlaubt, wenn N eine benannte Konstante ist, also z.B.

```
INTEGER N
PARAMETER (N=50)
REAL A(N)
```

oder in einem Unterprogramm, wenn sowohl A als auch N in der Parameterliste dieses Unterprogrammes auftreten, also z.B.

```
SUBROUTINE S(N, A)
INTEGER N
DOUBLE PRECISION A(N)
```

Anordnung der Arrayelemente im Speicher

Ein Array sei deklariert als:

name ($j_1 : k_1, j_2 : k_2, ..., j_n : k_n$), $n \leq 7$

δ_i sei die Anzahl der möglichen Indices in der i-ten Dimension, d.h.
$\delta_i = k_i - j_i + 1$
Die Anzahl der Elemente des Arrays ist dann $\delta_1 + \delta_2 + ... + \delta_n$

Das Arrayelement mit den Indices $s_1, s_2, ..., s_n$ steht dann gemäß FORTRAN 77-Standard an der Stelle mit der laufenden Nummer

$$1 + (s_1 - j_1) + (s_2 - j_2) \cdot \delta_1 + (s_3 - j_3) \cdot \delta_1 \cdot \delta_2 + ... + (s_n - j_n) \cdot \delta_1 \cdot \delta_2 \cdot ... \cdot \delta_{n-1}$$

Für n = 2 bedeutet dies geometrisch: das Array kann als rechteckiges Schema mit δ_1 Zeilen und δ_2 Spalten (Matrix) gedacht werden, die Abspeicherung erfolgt spaltenweise.

Bei der Benutzung von Arrayelementen - nach Deklaration des Arrays - dürfen die Indices beliebig komplizierte Ausdrücke vom Typ Integer sein, Sie dürfen sogar ihrerseits wieder Arrayelemente oder Function-Aufrufe enthalten. Ist s_i das Ergebnis des i-ten Indexes, so muß $j_i \leq s_i \leq k_i$ gelten. Ist diese Bedingung verletzt, so ist die Wirkung unvorhersehbar (keine Aussage im FORTRAN 77-Standard).

*2.9 Die IMPLICIT-Anweisung

Grundsätzlich sollte jede Variable und jedes Array eindeutig einer Deklarationsanweisung einer der 6 möglichen Datentypen zugeordnet werden. Daneben besteht die implizite Typfestlegung durch den Anfangsbuchstaben (I bis N für Integer, alle übrigen Buchstaben für Real).

Die implizite Typfestlegung ist beliebig umdefinierbar durch die Anweisung:

    IMPLICIT typ (a [,a] ...) [,typ (a [,a] ...)] ...

Die Anweisung ist nicht-ausführbar, sie wirkt nur in der Programmeinheit, in der sie auftritt, und sie muß vor allen anderen Deklarationsanweisungen stehen. Vor ihr dürfen höchstens PARAMETER-Anweisungen und/oder eine FUNCTION- bzw. SUBROUTINE- bzw. PROGRAM-Anweisung stehen. Mehrere IMPLICIT-Anweisungen sind erlaubt. typ steht für einen der 6 möglichen Datentypen. Nicht zugelassen ist nur die Längenangabe (*) bei CHARACTER.

Jedes a steht für einen der 26 Buchstaben des FORTRAN-Zeichensatzes oder für die Form a_1 - a_2, wobei a_1 und a_2 einen der 26 Buchstaben bedeuten und a_2 nicht vor a_1 im Alphabet vorkommen darf (genauer: es muß ICHAR(a_1) $\leq$ ICHAR(a_2) gelten). Ein Buchstabe darf innerhalb einer Programmeinheit in IMPLICIT-Anweisungen höchstens einmal vorkommen.

Wirkung: Alle nicht explizit deklarierten Variablen und Arrays haben den in der IMPLICIT-Anweisung angegebenen Typ, wenn sie mit dem Buchstaben a oder einem der Buchstaben a1 bis a2 beginnen.

Beispiel:

```
    IMPLICIT LOGICAL(L), COMPLEX(C, Z), REAL (I-K),
   +         DOUBLE PRECISION (D, W - Z)
    IMPLICIT CHARACTER(U), CHARACTER*8(A - B)
```

Werden Größen nicht explizit deklariert, dann gilt z.B. in dieser Programmeinheit:

Alle mit L beginnenden Variablen sind vom Typ Logical
Alle mit C und mit Z beginnenden Variablen sind vom Typ Complex
    u.s.w.
Alle mit A und mit B beginnenden Variablen sind vom Typ Character*8

Aber auch: Alle mit E - H beginnenden Vabiablen sind vom Typ Real, da die ursprüngliche Voreinstellung durch die IMPLICIT-Anweisung nicht umdefiniert wurde.

Eine explizite Deklaration hat immer Vorrang vor einer impliziten.

Beispiel: IMPLICIT COMPLEX (A-Z)
REAL X
INTEGER I, K, M

X ist dann vom Typ Real, I, K, und M sind vom Typ Integer.

Im Zusammenhang mit Functions gilt Analoges:

Beispiele:

```
FUNCTION F(X)
IMPLICIT DOUBLE PRECISION (B-H)
```

hat zur Folge, daß F den Ergebnistyp Double Precision besitzt.

```
REAL FUNCTION F(X)
IMPLICIT DOUBLE PRECISION (B-H)
```

hat zur Folge, daß F den Ergebnistyp Real besitzt.

3. Datenorganisation

3.1 Die PARAMETER-Anweisung

Diese Anweisung bietet die Möglichkeit, eine Konstante mit einem Namen zu versehen.
Dieser Name, der vorher wie eine Variable zu deklarieren ist (falls nicht implizite Typfestlegung vorliegt), darf nach der PARAMETER-Anweisung dann nur noch dort auftreten, wo eine Konstante auftreten darf. Insbesondere darf er nicht auf der linken Seite einer Wertzuweisung stehen.

Vorteil: Soll in einer Programmeinheit eine dort auftretende Konstante bei einer Programmänderung einen anderen Wert erhalten, so muß diese Konstante nicht überall dort geändert werden, wo sie auftritt, sondern diese Änderung muß nur an einer Stelle erfolgen, nämlich in der PARAMETER-Anweisung.

Form der PARAMETER-Anweisung:

PARAMETER (name = a [,name = a] ...)

a ist ein Ausdruck, der aus Konstanten besteht (im einfachsten Fall nur eine Konstante). Der Ausdruck darf benannte Konstanten enthalten, die *vorher* zu definieren sind.

Beispiel:

```
      LOGICAL FRAGE, VERNEI
      INTEGER K, L, M, N, M1, INPUT, OUPUT
      REAL GRENZE, KLEIN, GROSS, SMALL
      PARAMETER (M=10, N=20, K=8, L=4, KLEIN=0.58E-11)
      REAL A(M,M), X(M), B(N)
      CHARACTER*(K) FELD, ZEILE(80), TEXT(K*L), STERN(4)
     +              NAME*(*), VNAME*(*), NNAME*(*)
      PARAMETER (M1=2*M, SMALL=0.5*KLEIN,
     +           STERN='****', FRAGE=.TRUE.,
     +           VERNEI=.NOT. FRAGE, INPUT=5,
     +           OUTPUT=6, VNAME='DONALD',
     +           NNAME='KNUTH', NAME=VNAME//'□E.□'//NNAME)
```

Es ist nicht gestattet, benannte Konstanten als Teil einer benannten Konstanten zu verwenden.

Beispiel für falsche Konstanten:

```
REAL PART, FLOAT
COMPLEX Z
PARAMETER (PART=1.0, FLOAT=PART E-3, Z=(PART, 2.0))
```

Die Verwendung des Namens PART in den Definitionen für FLOAT und Z ist illegal.

3.2 Die DATA-Anweisung

Diese Anweisung wird benötigt, um Variablen (einfachen Variablen, Arrayelementen, ganzen Arrays oder Substrings) Anfangswerte zuzuweisen. Die so mit Anfangswerten belegten Variablen dürfen im weiteren Verlauf der Programmeinheit verändert werden, z.B. durch Auftreten auf der linken Seite einer Wertzuweisung.

Form der DATA-Anweisung:

DATA vliste / cliste / [[,] vliste / cliste] ...

vliste ist eine Liste von Variablennamen, Arraynamen, Namen von Array-Elementen, Substring-Namen oder impliziten DO-Listen. Alle Namen müssen verschieden sein (im Gegensatz zu Listen bei READ und WRITE).

In der Liste dürfen *nicht* auftreten: Formale Parameter bei Unterprogrammen, Elemente des Blank Common (Elemente von benannten Common-Blöcken dürfen nur dann in einer DATA-Anweisung auftreten, wenn diese in einem Block Data-Unterprogramm steht) und der Name einer Function, falls die DATA-Anweisung in eben dieser Function auftritt.

cliste ist von der Form:

a [,a] ...

wobei jedes a folgende Form haben kann:

(1) a ist eine Konstante oder der Name einer benannten Konstanten.

(2) a ist von der Form r*c, wobei c eine der in (1) genannten Formen hat. r ist ein Wiederholungsfaktor, d.h. r*c ist gleichbedeutend mit dem r-maligen sukzessiven Auftreten der Konstanten c.
r muß eine positive Integer-Konstante sein oder eine benannte Konstante vom Typ Integer, deren Wert positiv sein muß.

Die Zahl der Elemente in vliste muß genau mit der Zahl der Elemente in cliste übereinstimmen. Die i-te Variable in vliste wird mit der i-ten Konstanten in cliste initialisiert.
Dabei hat man sich die Elemente von ggf. auftretenden impliziten DO-Listen, die ggf. wiederum DO-Listen enthalten, explizit hintereinanderstehend zu denken. Für r∗c hat man sich c, c, c, ..., c (r-mal) zu denken.

Steht in vliste der Name eines Arrays, so müssen in cliste genausoviele Konstanten bereitgestellt werden, wie das Array Elemente hat. Die Reihenfolge der Zuordnung richtet sich nach der internen Speicherung der Arrayelemente (siehe Abschnitt 2.8).

Variablen vom Typ Logical oder Character in vliste müssen Konstanten gleichen Typs in cliste entsprechen. Ist eine Character-Konstante länger als die entsprechende Variable in vliste, dann wird rechts abgeschnitten; ist sie kürzer, dann wird rechts mit blanks aufgefüllt.
Bei den übrigen Typen findet Typangleichung statt (siehe Abschnitt 4.6).

Die DATA-Anweisung belegt Variablen *vor* Start des Programms mit Anfangswerten. Alle nicht in einer DATA-Anweisung auftretenden Variablen sind beim Start des Programms undefiniert.

Die DATA-Anweisung ist nicht-ausführbar, sie kann irgendwo in der Programmeinheit stehen.

Empfehlungen: (1) Alle DATA-Anweisungen aus Übersichtsgründen unmittelbar hinter die Deklaration schreiben.

(2) Größen gleichen Typs in einer DATA-Anweisung zusammenfassen, Typumwandlung vermeiden.

(3) Bei längeren Listen mit Fortsetzungszeilen arbeiten und Konstanten *unter* die jeweiligen Variablen schreiben (Zuordnung wird dadurch sichtbar).

Beispiele:

```
INTEGER   CONST1, CONST2, CONST3
INTEGER   K, M, N, FELD(10)
PARAMETER (CONST1=10, CONST2=35, CONST3=100)
REAL      EPS, WERT, XINIT, YINIT, VEKTOR(CONST2)
DOUBLE PRECISION   DEPS, GENAU
LOGICAL   L1, L2, GEORGE, BOOLE
```

```
      CHARACTER*4 ENDE, DOLLAR, BLANK*1, STRING (CONST1)
      COMPLEX    ZETA(CONST3), ZWERT
      DATA       K , M , N , FELD
     +           / 7 , 250 , 0 , 10*0 /
      DATA       EPS    , WERT, XINIT, YINIT, VEKTOR
     +           / 9.5E-7 , 1.25,    2*0.0    , CONST2*1.0 /
      DATA       DEPS   / 2.2D-16 /,
      DATA       ZWERT / (0.0, 1.0) /, ZETA(1) / (1.0, -1.0) /
      DATA       ENDE  , DOLLAR , BLANK, STRING
     +           / '****', '$$$$' , '□' , CONST1*'----' /
      DATA       BOOLE / .FALSE. /
```

Einige Variablen wurden nicht initialisiert, da sie ggf. später beim ersten Auftreten links von einer Wertzuweisung stehen oder erstmalig in einer READ-Anweisung auftreten (z.B. ZETA(2) und folgende, L1, L2, GEORGE).

Achtung: Wird ein Unterprogramm, in dem sich eine DATA-Anweisung befindet, mehrmals aufgerufen oder werden die per DATA-Anweisungen initialisierten Größen im Unterprogramm verändert, dann sind sie bei einem erneuten Aufruf des Unterprogramms undefiniert. Es ist *keineswegs* so, daß bei einem Aufruf des Unterprogramms die Anfangswerte in der DATA-Anweisung gesetzt werden.

Implizite DO-Listen in einer DATA-Anweisung

Jedes Element in vliste kann folgende Gestalt haben:

(dliste, v = m_1, m_2 [,m_3])

dliste ist eine Liste von Arrayelementen, im einfachsten Fall ein Arrayelement mit dem Index v. Statt eines Arrayelements kann wieder eine komplette implizite DO-Liste stehen (Schachtelung). Einfache Variable sind in dliste nicht erlaubt.
v ist eine Integer-Variable (DO-Listen-Variable). m_1, m_2 und m_3 sind Ausdrücke, die nur aus Integer-Konstanten bestehen dürfen. m_3 kann entfallen; die Wirkung ist m_3 = 1.
Die implizite DO-Liste darf nicht leer sein, d.h. es muß gelten: Entweder $m_1 < m_2$ und $m_3 > 0$ oder $m_1 > m_2$ und $m_3 < 0$. Jeder Index eines Arrayelements in dliste muß ein Ausdruck sein, der nur Integer-Konstanten (inklusive benannter Konstanten) und v enthält. Sowohl der Index als auch die m_i (i = 1,2,3) dürfen einen Ausdruck darstellen, der weitere Variablen enthält, wenn diese als DO-Listen in einer "äußeren" impliziten DO-Liste auftreten.

Beispiel:

```
(1)  INTEGER  M, N, I
     PARAMETER (M=20, N=2*M)
     REAL  X(M), Y(M)
     DATA (X(I), Y(I), I=1,M) / N*1.0 /

(2)  INTEGER  I, N
     PARAMETER (N=20)
     REAL  X(N), Y(N)
     DATA (X(I), I=1, N) / N*1.0 /,
    +     (Y(I), I=1, N) / N*0.0 /

(3)  INTEGER  N, NT
     PARAMETER (N=10, NT=(N*(N-1)) / 2)
     REAL  A(N, N)
     DATA (( A(I,J), I=J+1, N), J=1, N-1) / NT*0.0 /
     DATA (( A(I,J), J=I+1, N), I=1, N-1) / NT*0.0 /
     DATA ( A(I,I), I=1,N) / N*1.0 /
```

Mit den 3 DATA-Anweisungen in (3) wird A als Einheitsmatrix initialisiert. In den beiden ersten DATA-Anweisungen darf m_1 die Ausdrücke $J + 1$ bzw. $I + 1$ haben, weil in der "äußeren" DO-Liste J bzw. I als DO-Listen-Variable auftreten.

```
(4)  INTEGER  N, NSQR
     PARAMETER (N=10, NSQR=N*N)
     REAL  B(N,N)
     DATA ((B(I,J), I=1,N), J=1,N) / NSQR*0.0 /
     DATA ( B(I,I), I=1,N) / N*1.0 /
```

Hier wird ebenfalls eine Einheitsmatrix erzeugt. Dazu werden erst alle Elemente auf 0.0 gesetzt und danach die Diagonalelemente umdefiniert zu 1.0.

DO-Listen-Variable sind lokal zur impliziten DO-Schleife, außerhalb dieser sind sie nicht existent.

Die Anweisungsfolge

```
     REAL  X(20)
     DATA (X(I), I=1,20) / 10*1.0, 10*0.0 /
     I=I+1
```

ist *sinnlos*. Das I in der impliziten DO-Schleife und das nachfolgende I bei der Wertzuweisung sind verschieden. Die Wertzuweisung ist die *erste* ausführbare Anweisung, die Variable I rechts ist undefiniert.

* 3.3 Die EQUIVALENCE-Anweisung

Dieses Anweisung ermöglicht es, verschiedenen Variablen und Arrays, die in der gleichen Programmeinheit deklariert wurden, denselben Speicherplatz zuzuordnen.

Form der EQUIVALENCE-Anweisung:

EQUIVALENCE (liste) [, (liste)] ...

liste ist eine Liste von Variablen, Arrays, Arrayelementen oder Character-Substrings. Jede Liste muß mindestens zwei Elemente enthalten. In einem Unterprogramm dürfen die Namen der formalen Parameter nicht in einer EQUIVALENCE-Liste stehen, ebenfalls dürfen keine Namen von Functions in der Liste stehen. Werden Indices verwendet (bei Arrayelementen und Substrings), so müssen diese Ausdrücke aus Integer-Konstanten sein.

Für Größen in einer Liste gilt, daß ihre Adressen bzw. (bei Arrays) ihre Anfangsadressen gleich sind, d.h. sie belegen den gleichen Speicherplatz.

Beispiele:

(1) REAL   X, Y, Z, U, V
     INTEGER K, MITTEL, SUMME
     EQUIVALENCE (X,Y,U), (V,Z), (K,SUMME,MITTEL)

X, Y und U belegen den gleichen Speicherplatz. Wird in der Programmeinheit z.B. die Wertzuweisung

U = 1.0

geschrieben, dann haben auch X und Y den Wert 1.0. Ebenfalls belegen V und Z den gleichen Speicherplatz und die drei Integervariablen K,SUMME und MITTEL belegen den gleichen Speicherplatz.

(2) REAL   A(100), B(50), X(10), Y(20)
     EQUIVALENCE (A(21), B(1)), (X, Y(11))

Statt X hätte man genauso X(1) schreiben können. Es belegen jeweils den gleichen Speicherplatz (entsprechende Elemente stehen untereinander):

A(20)	A(21)	A(22)	...	A(70)		X(1)	X(2)	...	X(10)
	B(1)	B(2)	...	B(50)	Y(10)	Y(11)	Y(12)	...	Y(20)

Größen vom Typ Character dürfen *nicht* mit anderen Typen gemischt in einer Liste auftreten.

Beispiel:

```
CHARACTER*4  U, X, Y*6, Z(3)*2
EQUIVALENCE  (X, Y, Z(1), U(2:))
```

Hier muß die Überlegung bzgl. des gleichen Speicherplatzes byteweise erfolgen. Den gleichen Speicherplatz teilen sich (jede Spalte bezeichnet ein Zeichen der dort eingetragenen Variablen bzw. des Array-Elements):

	1	2	3	4	5	6
	X	X	X	X		
	Y	Y	Y	Y	Y	Y
	Z(1)	Z(1)	Z(2)	Z(2)	Z(3)	Z(3)
U	U	U	U			

Bei den übrigen Typen dürfen in einer Liste Größen unterschiedlichen Typs stehen. Damit läßt sich ggf. sehr trickreich programmieren, es wird aber dringend davon abgeraten, diese Möglichkeit zu benutzen.

Beispiel:

```
REAL     X(2), A
INTEGER  I
COMPLEX  Z
EQUIVALENCE (Z, X(1)), (A,I)
```

Erhält Z einen Wert, so hat man in X(2) damit automatisch den Imaginärteil von Z. Umgekehrt kann auf den Aufruf der eingebauten Funktion CMPLX verzichtet werden, denn mit X(1) und X(2) ist auch Z definiert.

Für die zweite Liste gilt jedoch: Erhält I den Wert 100, dann ist damit für A irgendein Wert definiert, der sich rechnerabhängig dadurch ergibt, daß einige der Bits für I nun als Mantisse und Exponent gedeutet werden.

Die EQUIVALENCE-Anweisung birgt viele Fehlermöglichkeiten!

Beispiele:

(1) INTEGER K(2), J
     EQUIVALENCE (K(1), J), (K(2), J)

Hierdurch wird die vorgegebene Speicherorganisation verletzt, da K(1) und K(2) den gleichen Speicherplatz erhalten. Dies ist verboten.

(2) REAL X(2)
     DOUBLE PRECISION D(2)
     EUQIVALENCE (X(1), D(1)), (X(2), D(2))

Diese Konstruktion ist verboten, da die Regel des FORTRAN 77-Standards, daß eine Double Precision-Größe zwei aufeinanderfolgende Speicherplätze (Worte) belegt, verletzt wird.

(3) REAL B(50), A
     COMMON / STACK / A(100)
     EQUIVALENCE (A(1), B(11))

Diese Konstruktion ist verboten, da der Common-Block STACK "nach vorne" ausgedehnt wird, nämlich um die Elemente B(10), B(9), ... , B(1).

4. Operatoren, Ausdrücke, Wertzuweisungen

4.1 Arithmetische Operatoren und Ausdrücke

Es gibt 5 Operatoren zur Verknüpfung arithmetischer Größen:

FORTRAN-Schreibweise	Bedeutung
+	Addition
-	Subtraktion
*	Multiplikation
/	Division
**	Exponentiation

Sei op einer dieser fünf Operatoren, dann nennt man

    A op B

einen arithmetischen Ausdruck, wenn A und B Konstanten, einfache Variable, Arrayelemente oder Funktionen von einem der 4 arithmetischen Typen sind.
A und B können wiederum arithmetische Ausdrücke der Art A_1 op A_2 bzw. B_1 op B_2 sein.

Es gelten folgende Regeln:

(1) Die Operatoren + und - können auch als einstellige Operatoren auftreten, +X ist die Identität, -X ist die Negation.

(2) Das Multiplikationszeichen muß immer geschrieben werden: A*B und AB sind völlig verschiedene Dinge.

(3) Es existiert folgende Auswertungshierarchie

Operator	Reihenfolge
**	1
* und /	2
+ und -	3

Diese Hierarchie gilt auch für einstellige Operatoren, d.h. -3**2 ergibt -9.
Kommen mehrere Operatoren gleicher Rangstufe vor, dann wird von links nach rechts ausgewertet.

Z.B. bei X*Y / Z wird erst die Multiplikation durchgeführt und dann das Ergebnis durch Z dividiert.

> *Ausnahme* der "links-nach-rechts-Regel": bei zwei aufeinanderfolgenden **-Operatoren wird von rechts nach links ausgewertet. Z.B. hat der Ausdruck 2**3**2 das Ergebnis 512 (und nicht 64).

(4) Die Hierarchie ist durch das Setzen von runden Klammern (und) aufhebbar. Diese Klammern müssen immer paarweise auftreten.

> *Wirkung:* Erst werden die Inhalte der innersten Klammern ausgewertet, bei mehreren auf der gleichen "Beklammerungsstufe" wiederum von links nach rechts.
> Innerhalb der Klammern gelten die Angaben von (3).

(5) Es dürfen *nie* zwei Operatoren hintereinander stehen, a^{-n} kann nur als A**(- N) und nicht als A**-N geschrieben werden.

(6) Für die Division zweier Integergrößen gilt, daß das Ergebnis wieder den Typ Integer hat (ggf. wird abgeschnitten).
   Z.B.: 8/3   liefert das Ergebnis 2
   (-8)/3   liefert das Ergebnis -2
   1/N   liefert das Ergebnis 0 für N vom Typ Integer und $N>1$.

(7) Für die Division A/B bei beliebigen Typen ist B = 0 verboten.

(8) Für die Exponentiation gilt:

   (a) Zu bilden sei A**K, wobei K vom Typ Integer ist mit $K>0$ und A von einem der vier arithmetischen Typen ist (Integer, Real, Double Precision, Complex).
   Dann wird A**K auf A*A* ... *A (K-mal) zurückgeführt.
   Ist $K>0$ und ist A**(-K) zu bilden, dann wird dies auf (1/A)**K zurückgeführt. Dabei muß gelten A $\neq$ 0.
   A**0 liefert den Wert 1 bzw. 1.0 bzw. 1D0 bzw. (1.0, 0.0).
   0**0 ist verboten, 0**K ist nur erlaubt für $K>0$.

   (b) Zu bilden sei A**B, wobei A und B vom Typ Real, Double Precision oder Complex seien.
   Dieser Ausdruck wird mittels EXP (B* LOG(A)) gebildet, wobei gilt:

   - Ist A vom Typ Real oder Double Precision , so muß $A>0$ gelten (LOG(X) ist nur für positive Argumente erklärt).

- Ist A vom Typ Complex, so muß A ≠ 0 gelten (es wird der Hauptwert der Logarithmusfunktion genommen).

Ausdrücke mit Größen unterschiedlichen Typs

In Ausdrücken mit allen fünf arithmetischen Operatoren können Größen beliebigen Typs miteinander verknüpft werden, jedoch mit einer Ausnahme gemäß FORTRAN 77-Standard:

> Größen der Typen Double Precision und Complex können nicht beide zusammen in einem arithmetischen Ausdruck auftreten.

Wichtig ist der Ergebnistyp bei einem arithmetischen Ausdruck.

Es sei zu bilden A op B, op stehe für + - * / und **.
Ferner sei bezeichnet: Integer mit I, Real mit R, Double Precision mit D und Complex mit C. Dann gilt:

A \ B	I	R	D	C
I	I	R	D	C
R	R	R	D	C
D	D	D	D	X
C	C	C	X	C

X steht für eine verbotene Kombination.

Im einzelnen passiert dabei folgendes: Verknüpft man zwei Größen unterschiedlichen Typs (z.B. Integer mit Real), dann wird vor Ausführung einer Operation ein Typ an den anderen angeglichen (hier Integer an Real). Dabei gibt es folgende Möglichkeiten (ein Pfeil deutet die Angliederung an):

I → R: Ein Dezimalpunkt und eine der internen Genauigkeit entsprechende Anzahl von Stellen werden angefügt.

I → D: Analog, nur daß entsprechend der internen Genauigkeit für Double Precision-Zahlen mehr Stellen angefügt werden.

I → C: Der Realteil entsteht wie bei I → R, der Imaginärteil 0.0 wird angefügt.

R → D: Der Dezimalanteil wird um so viele Stellen verlängert wie der Unterschied in der internen Genauigkeit zwischen beiden Typen ausmacht.

R → C: Der Imaginärteil 0.0 wird angefügt.

Beispiel:

```
INTEGER K, N
REAL A,B,C,D,X,Y,U,V,RL,NENNER,ERG
DOUBLE PRECISION Q
COMPLEX Z1, Z2, Z
Z=(Z1+Z2) * (1.25, 0.315) ** 3 - RL
ERG=(A+B) ** N - ((C+D) * Q - 3.7 * ((X-Y)/(U-V))
+    **(K-1))/NENNER
```

4.2 Logische Operatoren und Ausdrücke

FORTRAN 77 kennt 5 Operatoren zur Verknüpfung logischer Größen:

FORTRAN-Schreibweise	Bedeutung	Logik-Zeichen
.NOT.	Negation	¬
.AND.	Konjunktion	∧
.OR.	Disjunktion	∨
.EQV.	Äquivalenz	≡
.NEQV.	Antivalenz	≢

Man beachte die Schreibweise mit Punkt am Anfang und Ende.

Die Negation ist ein einstelliger Operator. X sei ein logischer Ausdruck, dann liefert:

.NOT. X

entsprechend der folgenden Wahrheitstafel ein Ergebnis vom Typ Logical:

X	.NOT. X
.TRUE.	.FALSE.
.FALSE.	.TRUE.

Seien X und Y Ausdrücke vom Typ Logical. dann liefert

X log op Y

(wobei log op für einen der 4 zweistelligen Operatoren steht) entsprechend den folgenden Wahrheitstafeln ein Ergebnis vom Typ Logical:

X	Y	X.AND.Y	X.OR.Y	X.EQV.Y	X.NEQV.Y
.TRUE.	.TRUE.	.TRUE.	.TRUE.	.TRUE.	.FALSE.
.TRUE.	.FALSE.	.FALSE.	.TRUE.	.FALSE.	.TRUE.
.FALSE.	.TRUE.	.FALSE.	.TRUE.	.FALSE.	.TRUE.
.FALSE.	.FALSE.	.FALSE.	.FALSE.	.TRUE.	.FALSE.

X und Y dürfen dabei Konstanten, einfache Variable, Arrayelemente oder Funktionen vom Typ Logical sein. Sie dürfen ferner Vergleichsausdrücke (siehe Abschnitt 4.3) oder wiederum logische Ausdrücke der Form X_1 log op X_2 bzw. Y_1 log op Y_2 sein.

Es gelten folgende Regeln:

(1) Es existiert folgende Auswertungshierarchie:

Operator	Reihenfolge
.NOT.	1
.AND.	2
.OR.	3
.EQV. und .NEQV.	4

Kommen mehrere Opratoren gleicher Rangstufe vor, dann wird von links nach rechts ausgewertet.

(2) Es dürfen *nie* zwei zweistellige Operatoren unmittelbar hintereinander stehen. Es darf aber auf einen zweistelligen Operator unmittelbar der Operator .NOT. folgen.

(3) Die Hierarchie ist durch das Setzen von runden Klammern (und) aufhebbar. Diese Klammern müssen immer paarweise auftreten.

   Wirkung: Erst werden die Inhalte der innersten Klammern ausgewertet, bei mehreren auf der gleichen

"Beklammerungsstufe" wiederum von links nach rechts.
Innerhalb der Klammern gelten die Angaben von (1).

Beispiele:

(1) Die Operatoren .EQV. und .NEQV. stellen nur einen zusätzlichen Programmierkomfort dar. Man kann sie wie folgt durch die drei anderen Operatoren ausdrücken (.NEQV. ist übrigens identisch mit dem "exklusiven Oder", das gelegentlich als XOR in Sprachen verfügbar ist):

```
C-------SIMULATION VON .EQV. UND .NEQV.---
      LOGICAL X, Y, OPEQV, OPNEQV
       ...
      OPEQV = X .AND. Y .OR. .NOT. X .AND. .NOT. Y
      OPNEQV= (.NOT. X .OR. .NOT. Y) .AND. (X .OR. Y)
       ...
```

(2) Selbst .AND. läßt sich auf .NOT. und .OR. zurückführen; ähnlich läßt sich .OR. auf .NOT. und .AND. zurückführen.

```
C-------SIMULATION VON .AND. UND .OR. ---
      LOGICAL X, Y, OPAND, OPOR
       ...
      OPAND = .NOT.(.NOT. X .OR. .NOT. Y)
      OPOR  = .NOT.(.NOT. X .AND. .NOT. Y)
```

4.3 Der Character-Operator und Character-Ausdrücke

In FORTRAN 77 gibt es einen Operator zur Verknüpfung von Character-Größen.

FORTRAN-Schreibweise	*Bedeutung*
//	Aneinanderreihung oder Concatenation

Schreibt man

    A // B

so ist dies ein Ausdruck vom Typ Character.

Dabei sind A und B Konstanten, einfache Variable, Arrayelemente oder Funktionen vom Typ Character sowie Character-Substrings. A und B können wiederum Character-Ausdrücke der Art $A_1 \mathbin{/\mskip-1mu/} A_2$ bzw. $B_1 \mathbin{/\mskip-1mu/} B_2$ sein.

Wirkung: der String B wird an den String A angefügt. Hat A die Länge l_1 und B die Länge l_2, dann hat A // B die Länge $l_1 + l_2$.

Eine Beklammerung ist auch hier erlaubt, jedoch ist diese ohne Bedeutung.

Das Ergebnis der drei Ausdrücke

```
'AB'//'CD'//'EF'
('AB'//'CD')//'EF'
'AB'//('CD'//'EF')
```

ist stets das gleiche, nämlich der String ABCDEF.

Beispiele für Character-Ausdrücke:

```
INTEGER K,L,M
CHARACTER*10, WERT, TEXT*40, ZEICHN*1, FELD(20,10),
  REIHE(-3:3),
+           CHFUNC
PARAMETER(M=4)
```

erlaubte Ausdrücke sind dann:

```
WERT//'X-(WORT)'
TEXT(:8)//ZEICHN//FELD(K-2,L+1)//ZEICHN
REIHE(-3)//REIHE(0)//'****'//REIHE(2)(4:7)
TEXT(M-2:M+2)//CHFUNC(K*2,'INPUT')
```

Dabei sei CHFUNC eine Function des Typs Character mit 2 Parametern (Integer und Character).

4.4 Vergleichsausdrücke

Vergleichsausdrücke werden hauptsächlich im Zusammenhang mit IF-Anweisungen benötigt.
Ein Vergleichsausdruck hat die allgemeine Form

A op B

Sein Ergebnis ist vom Typ Logical. A und B sind entweder beide arithmetische Ausdrücke beliebigen Typs (also Integer, Real, Double Precision, Complex) oder beide sind vom Typ Character.
Alle anderen Möglichkeiten (A arithmetisch, B vom Typ Character oder umgekehrt sowie A und/oder B vom Typ Logical sind verboten, sie wären auch sinnlos).

op steht für einen der folgenden Vergleichsoperatoren:

Operator in FORTRAN-Schreibweise	mathematische Notation	Bedeutung
.EQ.	=	equal to (gleich)
.NE.	$\neq$	not equal to (ungleich)
.LT.	<	less than (kleiner als)
.LE.	$\leq$	less than or equal to (kleiner oder gleich)
.GT.	>	greater than (größer als)
.GE.	$\geq$	greater than or equal to (größer oder gleich)

Auch hier sind die Punkte in der FORTRAN-Schreibweise wesentlich, da ohne diese nach den Regeln der Syntax es sich um Namen (bzw. Variable) handeln müßte.

Das Ergebnis hat den Wert .TRUE., wenn die durch den Vergleichsausdruck dargestellte Bedingung erfüllt ist. Ist dies nicht der Fall, so hat das Ergebnis den Wert .FALSE..

Sind A und B beide arithmetisch und verschiedenen Typs, so wird der Vergleichsausdruck intern in der Form

   ((A)-(B)) op NULL

ausgewertet. Die Klammern deuten dabei die Reihenfolge der Auswertung an (siehe Abschnitt 4.1). Der Ergebnistyp der linken Seite ergibt sich gemäß der in Abschnitt 4.1 beschriebenen Regeln. Je nach Ergebnistyp der linken Seite ist mit NULL auf der rechten Seite gemeint: 0.0 (Real), 0.0D0 (Double Precision), (0.0,0.0) (Complex) und 0 (Integer, jedoch nur, wenn A und B beide vom Typ Integer sind).

Da das Mischen von arithmetischen Größen der Typen Double Precision und Complex in arithmetischen Ausdrücken verboten war, können daher auch in Vergleichsausdrücken Größen dieser beiden Typen nicht miteinander verknüpft werden.

Eine wesentliche Anwendung ergibt sich daraus, daß ein Vergleichsausdruck in logischen Ausdrücken überall dort stehen kann, wo eine Logical-Variable auftritt.

Beispiele:

```
      INTEGER K,N
      REAL   A,B,Q,X,X1,Y,WERT
      DOUBLE PRECISION  D1,D2
      COMPLEX  Z, ZETA
      LOGICAL  L,LZ,DRIN
      CHARACTER*4, CH*1, ZEICH
         .
         .
         .
      L=(A+B)**(N-1) .LE. 10**K
      IF (D1 .GT. D2*X1 .AND. L) THEN
         ...
      IF(Z .EQ. ZETA*(3.47, 0.12))THEN
         ...
      LZ=ZEICH .NE. '****'
      IF (CH .EQ. 'A' .AND. LZ .OR. WERT/17*Q .LT. 0.0) THEN
         ...
      DRIN=X .GT. 0.0 .AND. X .LT. 1.0
     +     .AND. Y .GT. 0.0 .AND. Y .LT. 1.0
```

Mathematisch bedingte Einschränkungen bei Vergleich zwischen arithmetischen Typen

Außer den Integer-Zahlen lassen sich Zahlen i.a. in einer Rechenanlage nicht exakt darstellen, es muß stets mit Rundungsfehlern gerechnet werden. In Vergleichsausdrücken hat z.B. A .EQ. B (A, B arithmetisch) dann und nur dann den Wert .TRUE., wenn A und B in sämtlichen Bits übereinstimmen. Unterscheiden sie sich auch nur in einem Bit (z.B. dem letzten der Mantisse bei den Datentypen Real und Double Precision oder einem der beiden Teile beim Datentyp Complex), dann ist das Ergebnis .FALSE..

Wegen der zu erwartenden Rundungsfehler wird man vom numerischen Standpunkt zwei Zahlen auch dann noch als "gleich" ansehen, wenn sie sich nur "ganz wenig" voneinander unterscheiden.
Statt des Ausdrucks A .EQ. B stellt man besser die *relative Abweichung* fest; d.h. man bildet den Ausdruck

    ABS (A-B) .LE. ABS(A)*EPS

EPS ist dabei das Maschinenepsilon (siehe Abschnit 2.2), wobei für die Datentypen Real und Complex ein anderer Wert zu nehmen ist als für den Datentyp Double Precision.
Für B = 0.0 (exakt, d.h. bitgenau) und A $\neq$ 0.0 sowie für A = 0.0 (exakt, d.h. bitgenau) und B $\neq$ 0.0 liefert der Vergleichsausdruck den Wert .FALSE., die Methode versagt formal, da 0 < EPS < 1 gilt. Ggf. muß der Vergleichsausdruck noch erweitert werden, um diese - sehr unwahrscheinlichen - Fälle, daß eine Zahl den Wert Null und die andere einen betragsmäßig sehr kleinen, aber noch von Null verschiedenen Wert hat und daß beide Zahlen als gleich betrachtet werden sollen, mit zu erfassen.

Aus den mathematischen Eigenschaften der komplexen Zahlen ergibt sich, daß für den Vergleich komplexer Zahlen die Operatoren .LT., .LE., .GT. und .GE. verboten sind. Aus den oben gemachten Bemerkungen folgt, daß auch .EQ. und völlig analog .NE. nicht verwendet werden sollten, so daß man Vergleichsausdrücke mit arithmetischen Typen vom Typ Complex überhaupt nicht bilden sollte.

Vergleichsausdrücke beim Datentyp Character

Sind im Vergleichsausdruck A op B die Ausdrücke A und B vom Typ Character, so gilt:

(1) Haben beide Strings verschiedene Länge, so wird der kürzere der beiden Strings rechts mit blanks aufgefüllt, bis er die gleiche Länge wie der andere String hat.

(2) Für die 6 Vergleichsoperatoren ist zu beachten:
Die interne Codierung eines Zeichens im Rechner geschieht in einem Byte (i.a. 8 Bit). Der Inhalt dieses Byte wird als 8-stellige Dualzahl gedeutet, ein String der Länge l kann als 8*l-stellige Dualzahl gedeutet werden.

Es gelten dann die gleichen Regeln wie beim Vergleich arithmetischer Größen, z.B. A .EQ. B hat genau dann den Wert .TRUE., wenn sämtliche Bits von A und B übereinstimmen. A .LT. B hat genau dann den Wert .TRUE., wenn die Dualzahl, als die der Inhalt von A gedeutet werden kann, kleiner ist als die Dualzahl, als die der Inhalt von B gedeutet werden kann.

Es spielt also eine Rolle, in welcher Reihenfolge die üblichen Zeichen auf Bytes abgebildet werden. Diese Abbildung *(Zentralcode)* ist von Rechner zu Rechner verschieden; die festgelegte Zeichenfolge heißt *Collating Sequence*.

Im allgemeinen kann man davon ausgehen, daß bei allen Zentralcodes gilt:

'0' < '1' < ... < '9'
'A' < 'B' < ... < 'Z'
'a' < 'b' < ... < 'z'

Dabei liegen diese Zeichen "dicht", d.h. zwischen '1' und '2' bzw. zwischen 'A' und 'B' befindet sich kein weiteres Zeichen.
Im allgemeinen gilt auch:

'□' < 'A'

Beim Vergleich von Strings mit großen und kleinen Buchstaben ergeben sich i.a. Probleme, da für Zentralcodes eine der beiden folgenden Situationen gilt:

entweder   'A' < ... < 'Z' < ...< 'a' < ... <'z'
oder   'a' < ... < 'z' < ...< 'A' < ... <'Z'

Die Einsortierung von Sonderzeichen wie '-', ' / ' u.a. ist i.a. sehr unterschiedlich; spezielle Buchstaben der deutschen Sprache wie Umlaute und ß sind entweder gar nicht vorhanden oder an völlig anderer Stelle wie die üblichen Buchstaben plaziert. Sind sie vorhanden, dann fehlen dafür oftmals andere Zeichen wie '[' oder ']'.

Bei der Anwendung von Vergleichsausdrücken auf Strings mit großen und kleinen Buchstaben sowie Sonderzeichen (z.B. beim Sortieren) sollte man wie folgt vorgehen:

- Durch Anwendung der eingebauten Funktionen ICHAR und CHAR (siehe Abschnitt 6.4) kann man sich über die Collating Sequence des benutzten Rechners informieren.

- Es gibt die 4 eingebauten Funktionen LLT, LLE, LGT, LGE (die Bedeutung ist aus den jeweils letzten beiden Buchstaben zu entnehmen; siehe Abschnitt 6.4), mit deren Hilfe Größer- und Kleiner-Beziehungen auf der Basis der Collating Sequence des international anerkannten Codes ASCII (American Standard Code for Information Interchange) festgestellt werden können. Werden durchgängig diese Funktionen statt der Vergleichsausdrücke benutzt, dann bleibt die Portabilität von FORTRAN 77-Programmen gewahrt.

- Sollen Sortierungen durchgeführt werden, daß z.B. der String 'IMPLICIT' richtig *vor* dem String 'Integer' einsortiert wird oder der String 'implizit' ebenfalls *vor* dem String 'INTEGER' steht, so muß eigener Programmieraufwand betrieben werden:

Man schreibt eine Function ICHNEU, die für einen Großbuchstaben und den zugehörigen Kleinbuchstaben *denselben* Wert liefert (unter der Voraussetzung, daß Groß- und Kleinbuchstaben jeweils dicht liegen, läßt sich mittels ICHAR die Differenz der laufenden Nummer zwischen einem Groß- und dem zugehörigen Kleinbuchstaben herausfinden). Zum Vergleich kann man sich auf eine der oben genannten vier Funktionen, z.B. LLT, beschränken. Man schreibt dann eine eigene Function LLTNEU, die Strings unter Verwendung der Function ICHNEU miteinander vergleicht.

4.5 Hierarchien

Bei der Auswertung von Ausdrücken, in denen alle der in den vorigen Abschnitten erwähnten Operatoren auftreten können, gilt folgende Hierarchie (je niedriger die Rangstufe, desto eher wird die Operation ausgeführt):

Operator(en)	Rangstufe
Auswertung von Funktionen aller Typen	1
Exponentiation (**)	2
Multiplikation, Division (*, /)	3
Addition, Subtraktion (+ , -)	4
Concatenation (//)	5
Vergleichsausdrücke (.LT., .LE., .GT., .GE., .EQ., .NE.)	6
Negation (.NOT.)	7
Konjunktion (.AND.)	8
Disjunktion (.OR.)	9
Äquivalenz, Antivalenz (.EQV., .NEQV.)	10

Werden Klammerpaare gesetzt, so werden Klammern zuerst ausgewertet und zwar von innen nach außen bei ineinandergeschachtelten Klammern.
Bei mehreren Klammern auf gleicher Stufe und mehreren Operatoren auf gleicher Stufe wird von links nach rechts ausgewertet (einzige Ausnahme: mehrere Exponentiationen unmittelbar hin-

tereinander werden von rechts nach links ausgewertet, d.h. z.B.
2**3**2 ergibt 512).
Funktionen werden stets als erstes ausgewertet. Sind die Argumente wieder Ausdrücke, so werden sie *vorher* nach den beschriebenen Regeln ausgewertet.

Beispiel:

Bei der Auswertung eines Ausdrucks werden Zwischenergebnisse gebildet. A_i seien vom arithmetischen Typ, L_i vom Typ Logical und C_i vom Typ Character.
Ein Pfeil deutet die Benennung des rechts stehenden Ausdrucks mit dem links stehenden Namen des Zwischenergebnisses an.

```
INTEGER    N
REAL       B,C,D,X,Z,PI
LOGICAL    BL,T
CHARACTER*4  CH,STR*8
   .
   .
   .
T=Z+B**N .GT. 0.0 .AND. .NOT. C*D .LT. 2.0*EXP(X/PI)
+ .OR. CHAR(135) .EQ. 'K' .EQV. 'TEXT'//CH .NE. STR .AND. BL
```

Auswertungs-Reihenfolge

$A_1 \leftarrow X/PI$
$A_2 \leftarrow EXP(A_1)$, $C_1 \leftarrow CHAR(135)$
$A_3 \leftarrow B**N$
$A_4 \leftarrow C*D$, $A_5 \leftarrow 2.0*A_2$
$A_6 \leftarrow Z + A_3$
$C_2 \leftarrow$ 'TEXT'//CH
$L_1 \leftarrow A_6 .GT. 0.0$, $L_2 \leftarrow A_4 .LT. A_5$, $L_3 \leftarrow C_1 .EQ.$ 'K',
$L_4 \leftarrow C_2 .NE. STR$
$L_5 \leftarrow .NOT. L_2$
$L_6 \leftarrow L_1 .AND. L_2$, $L_7 \leftarrow L_4 .AND. BL$
$L_8 \leftarrow L_6 .OR. L_3$
$L_9 \leftarrow L_8 .EQV. L_7$

L_9 ist das Ergebnis.

4.6 Die Wertzuweisung

Mit der Wertzuweisung wird das Ergebnis eines Ausdrucks einer Variablen zugewiesen. Es kann später durch Benutzung dieser Variablen weiterverwendet werden.

Allgemeine Form

$v = a$

a ist ein Ausdruck von einem der arithmetischen Typen, vom Typ Logical oder vom Typ Character.
v ist der Name einer Variablen oder ein Arrayelement. Sämtliche Größen, aus denen a aufgebaut ist, müssen bei Erreichung der Wertzuweisung definiert sein.
Bzgl. des Typs von v und des Ergebnistyps von a gilt:

v	a
einer der 4 arithmetischen Typen, aber nicht unbedingt der gleiche wie a	einer der 4 arithmetischen Typen
Logical	Logical
Character*l_1 l_1 und l_2 nicht notwendig gleich	Character*l_2 l_1 und l_2 nicht notwendig gleich

Wertzuweisung bei arithmetischen Datentypen

Sind a und v arithmetisch, aber von verschiedenem Typ, dann wird a an den Typ von v angeglichen.
Dieses Angleichen erfolgt gemäß folgender Tabelle (I, R, D und C stehen für die Typen Integer, Real, Double Precision und Complex):

Achtung: Ist v vom Typ Double Precision und a einer der drei anderen arithmetischen Typen, dann bedeutet dies nur, daß eine zweite Speichereinheit für die Verlängerung der Mantisse (über die durch Real gegebene Mantissenlänge hinaus) bereitgestellt wird. Die zugewiesenen Werte sind dadurch nicht genauer geworden. I.a. ist die Speichereinheit mit der Mantissenverlängerung mit irgendwelchen Ziffern besetzt, unabhängig davon, welchen Wert die Double Precision-Variable v vor der Wertzuweisung besaß. Zuerst erfolgte nämlich die Mantissenverlängerung und dann die Wertzuweisung.

a \ v	I	R	D	C
I	-	Abschneiden des gebrochenen Teils	Abschneiden des gebrochenen Teils	Abschneiden des gebrochenen Teils, Fortfall des Imaginärteils
R	Anfügen von Dezimalpunkt und so vielen Nullen, wie die interne Genauigkeit vorsieht	-	Abschneiden der zusätzlichen Dezimalstellen	Fortfall des Imaginärteils
D	Wie R←I und Anfügen so vieler Stellen, wie die interne Genauigkeit bei D vorsieht	Anfügen so vieler Stellen, wie die interne Genauigkeit bei D vorsieht	-	wie D←R und Fortfall des Imaginärteils
C	Wie R←I und Anfügen des Imaginärteils 0.0	Anfügen des Imaginärteils 0.0	Abschneiden der zusätzlichen Dezimalstellen. Anfügen des Imaginärteils 0.0	-

Beispiele:

```
INTEGER  I,K
REAL     R,X
DOUBLE PRECISION D
COMPLEX  Z
     .
     .
     .
K = 3
R = K - 9/10          Ergebnis: 3.0
R = K - 9/10.0        Ergebnis: 2.1
R = K - 9D0/10        Ergebnis: 2.1
Z = (0.25, -6.3)
X = Z                 Ergebnis: 0.25
```

```
I = Z                   Ergebnis: 0
I = X                   Ergebnis: 0

D = 1.0/3.0             Ergebnis: 0.333...33xxxx...xx
                                  ‾‾‾‾‾‾‾ ‾‾‾‾‾‾
                                    s       t
```
                                         s Stellen für Real-Genauigkeit
                                         s+t Stellen für Double-Genauigkeit
                                         In den letzten t Positionen steht irgendetwas

Wertzuweisung beim Datentyp Character

Haben v und a verschiedene Länge, so gilt:

Ist v länger als a, so wird a rechts mit blanks aufgefüllt.
Ist v kürzer als a, so werden "überschüssigen" Zeichen in a rechts abgeschnitten; Character-Positionen, die ohnehin abgeschnitten werden, dürfen dann sogar undefiniert sein.
Character-Positionen, die durch die Wertzuweisung definiert werden, dürfen nicht in a auftreten.

Beispiel: Verboten ist:

        P(:10) = 'ANFANG'//P(3:5)//'ENDE'

da die Positionen 3, 4 und 5 von P auf beiden Seiten der Wertzuweisung stehen.

Ist v ein Substring, dann behalten alle Positionen des Strings, die nicht zu v gehören, ihren alten Wert.

Beispiel: CHARACTER*10, A
               A = 'FORTRAN☐IV'
               A(9:) = '77'

        Anschließend hat der String A den Wert FORTRAN☐77.

5. Steueranweisungen

5.1 Sprunganweisungen

Die Sprunganweisung (GO TO statement)

Form der GO TO-Anweisung:

    GO TO m

m bezeichnet eine Anweisungsnummer (Marke, Label), mit der irgendeine andere ausführbare Anweisung markiert ist. Die Anweisungsnummer muß in der gleichen Programmeinheit auftreten.
Bei Erreichen der Anweisung wird als nächste Anweisung diejenige ausgeführt, die mit der Anweisungsnummer m versehen ist. Diese kann vor oder hinter der GO TO-Anweisung stehen.

Beispiel:
```
            REAL A,B,C,W,X,
              .
              .
    160     READ *, X
            IF (X .LE. 0.0)      GO TO 170
            A = X**B
            GO TO 180
    170     A = 0.0
    180     C = A+W
              .
              .
            GO TO 160
              .
              .
```

Die Anweisungen GO TO 180 und GO TO 160 werden auch als unbedingte Sprunganweisung bezeichnet, während GO TO 170 nur für $x \leq 0$ wirksam wird (bedingter Sprung). Wegen der in FORTRAN 77 vorhandenen Block IF-Anweisung (siehe Abschnitt 5.4) ist die obige Konstruktion eleganter auch ohne GO TO-Anweisungen zu formulieren.

Die errechnete Sprunganweisung (computed GO TO)

Allgemeine Form:

    GO TO (m_1 [,m_2] ... [,m_n]) [,] i

i ist ein Ausdruck vom Typ Integer; $m_1, ..., m_n$ sind Anweisungsnummern, die in derselben Programmeinheit vorkommen müssen und ausführbare Anweisungen markieren. Mindestens eine Anweisungsnummer muß aufgeführt sein, die gleiche Anweisungsnummer darf mehrfach in der Liste vorkommen. Das Komma vor dem i kann entfallen.

Wirkung: i wird ausgewertet. Hat es den Wert 1, dann ist die Wirkung wie GO TO m_1, hat es den Wert 2, dann ist die Wirkung GO TO m_2 u.s.w..
Gilt i < 1 oder i > n, dann ist die Anweisung wirkungslos.

Beispiel:
```
      REAL F,G,W,X
      INTEGER ZIEL
         .
         .
         .
C-----FUER ZIEL=-1,0,+1 WERDEN UNTERSCHIEDLICHE
C-----AUSDRUECKE ZUR BILDUNG VON F VERWENDET
      GO TO (70,80,90), ZIEL+2
         .
         .
         .
   70 F=X*X-1.0
      GO TO 100
   80 F=2.0*X-0.5
      GO TO 100
   90 F=X**3-1.7*X*X-3.0*X
  100 G=F*F-W
         .
         .
         .
```

Die Anweisungen GO TO 100 sorgen dafür, daß exklusiv eine der drei Formeln für F genommen wird.

* Das assigned GO TO

Allgemeine Form

GO TO i [[,] (m_1 [,m_2] ... [,m_n])]

i ist der Name einer Integer-Variablen, $m_1, ..., m_n$ sind (nicht notwendig verschiedene) Anweisungsnummern in der gleichen Programmeinheit.
Wird die Anweisung erreicht, dann muß i mit dem Wert einer Anweisungsnummer definiert sein, die in der gleichen Programmeinheit eine ausführbare Anweisung markiert.

Ist die Liste der $m_1, \ldots, m_n$ vorhanden, dann *muß* der Wert von i mit einem der $m_1, \ldots, m_n$ übereinstimmen. Ist die Liste leer, dann darf i den Wert irgendeiner anderen Anweisungsnummer, die eine ausführbare Anweisung markiert, haben. Ein Sprung erfolgt dann auf die Marke, deren Wert i besitzt. i kann *nicht* durch eine Wertzuweisung oder durch Einlesen, sondern *nur* durch die spezielle ASSIGN-Anweisung definiert werden; diese hat die Form:

ASSIGN m TO i

m ist die Marke, i ist Integer-Variable.

Beispiel:
```
       INTEGER JUMP
       ...
   100 CONTINUE
       ASSIGN 30 TO JUMP
       ...
       GO TO JUMP, (10,20,30,40)
       ...
    30 CONTINUE
       ...
       ASSIGN 100 TO JUMP
       ...
       GO TO JUMP
       ...
```

Das assigned GO TO ist nur noch aus historischen Gründen in FORTRAN 77 vorhanden. Sinnvolle Anwendungen existieren nicht; da Programme nur unnötig unübersichtlich werden (die ASSIGN-Anweisung kann z.B. an völlig anderer Stelle als die GO TO-Anweisung stehen), wird dringend vom Gebrauch des assigned GO TO abgeraten.

5.2 Die CONTINUE-Anweisung

Diese Anweisung ist leer, aber eine ausführbare Anweisung. Ihre Form lautet:

CONTINUE

Sehr sinnvoll ist die Anweisung im Zusammenhang mit einer Anweisungsnummer, d.h.

m CONTINUE

Anwendungen:

(1) Sprünge sollten immer auf eine CONTINUE-Anweisung erfolgen. Auf diese Weise lassen sich Programmänderungen (z.B. Einschub weiterer Anweisungen in eine Sequenz von Anweisungen, die mittels GO TO erreicht werden) leichter durchführen.

(2) DO-Schleifen sollten immer mit CONTINUE enden. Insbesondere sollte bei geschachtelten DO-Schleifen jede ihr eindeutig definiertes Ende in Form einer CONTINUE-Anweisung haben. Damit liegen eindeutige Verhältnisse bei z.B. vorzeitigen Sprüngen aus DO-Schleifen vor.

5.3 Die DO-Anweisung

Diese Anweisung dient dazu, mehrere Anweisungen wiederholt durchlaufen zu lassen.
Allgemeine Form:

$$DO\ m\ [,]\ v = e_1, e_2\ [, e_3]$$

Dabei ist:

m eine Anweisungsnummer, die das Ende des Wiederholungsbereiches markiert

v eine Variable von einem der Typen Integer, Real oder Double Precision

e_1 (Anfangswert), e_2 (Endwert) und e_3 (Schrittweite) sind arithmetische Ausdrücke von einem der Typen Integer, Real oder Double Precision. e_3 darf nicht Null sein.
Wird die Angabe zu e_3 mit dem vorausgehenden Komma weggelassen, so hat das die Wirkung wie $e_3 = 1$.

Wirkung: Alle Anweisungen zwischen der DO-Anweisung und der mit der Anweisungsnummer m versehenen Anweisung (inklusive dieser) werden in Abhängigkeit von e_1, e_2 und e_3 ggf. mehrfach durchlaufen (DO-Schleife, DO-loop), und zwar nach folgendem Algorithmus:

  (1) Die Ausdrücke e_1, e_2, e_3 werden berechnet (falls sie nicht einfache Variablen oder Konstanten waren) und ggf. in den Typ von v umgewandelt.

(2) $v = e_1$

(3) Die Anzahl A der Durchläufe der DO-Schleife wird wie folgt bestimmt:
$A = \mathrm{MAX}(\mathrm{INT}((e_2 - e_1 + e_3)/e_3), 0)$

(4) Ist $A \neq 0$, so werden die Anweisungen der DO-Schleife durchlaufen; bei $A = 0$ wird mit der ersten Anweisung fortgefahren, die auf die mit m markierte Anweisung folgt.

(5) $v = v + e_3$

(6) $A = A - 1$

(7) Es wird bei (4) fortgefahren.

Ist die Schleife vollständig abgearbeitet, hat v den ihm zuletzt zugewiesenen Wert.
Wird die Schleife abnorm beendet, z.B. durch ein GO TO mit Ziel außerhalb der Schleife, so behält v den Wert, den es bei Erreichen der GO TO-Anweisung hatte.

Liegt die Situation $A = 0$ bereits vor dem ersten Durchlauf vor (leere Schleife, "abweisende" Schleife), dann ist die gesamte DO-Schleife eine leere Anweisung und wird überhaupt nicht durchgeführt (im Gegensatz zu manchen FORTRAN IV-Implementationen). Diese Situation liegt vor bei $e_1 > e_2$ und $e_3 > 0$ sowie bei $e_1 < e_2$ und $e_3 < 0$.

Beispiel:
```
INTEGER ANFANG, ENDE, I
...
ANFANG = 1
ENDE   = 0
DO 125  I = ANFANG, ENDE
...
125 CONTINUE
```

Typische *Anwendung* einer DO-Schleife:
Bildung des inneren Produktes zweier Vektoren.

```
INTEGER I, N
PARAMETER (N=100)
REAL X(N), Y(N), P
...
P = 0
```

```
      DO 10  I = 1,N
         P = P+X(I)*Y(I)
   10 CONTINUE
```

Es gibt eine Reihe von Anweisungen, die als letzte Anweisung einer DO-Schleife verboten sind (z.B. IF).
Zweckmäßig ist es, grundsätzlich eine DO-Schleife mit einem CONTINUE enden zu lassen, um sich nicht alle diese Ausnahmen merken zu müssen.

Tip: Der besseren Übersicht wegen sollten alle Anweisungen zwischen der DO-Anweisung und der abschließenden CONTINUE-Anweisung etwas nach rechts eingerückt werden.

Die obere Grenze muß nicht genau erreicht werden; das Ende der DO-Schleife wird durch den angegebenen Algorithmus bestimmt.

Beispiel: ...

```
      DO 25 J = 1, 10, 2
         K (J/2+1) = J*J
   25 CONTINUE
```

Es wird gebildet: K(1) = 1, K(2) = 9, K(3) = 25, K(4) = 49, K(5) = 81

Ein negatives Inkrement ist ebenfalls möglich; das vorstehende Beispiel läßt sich mit gleichem Ergebnis auch wie folgt schreiben:

```
      DO 25 J = 10, 1, -2
         K(J/2) = (J-1)**2
   25 CONTINUE
```

Nicht-Integer-Größen in der DO-Anweisung

Der FORTRAN 77-Standard gestattet es, daß v eine Variable und e_1, e_2, e_3 Ausdrücke vom Typ Real oder Double Precision sind. Hat v einen anderen Typ als e_1, e_2 oder e_3, dann wird an den Typ von v angeglichen.
Man sollte von dieser Möglichkeit keinen Gebrauch machen wegen der z.T. zu fehlerhaftem Ablauf führenden Nebeneffekte, die dadurch entstehen, daß Real- und Double Precision-Größen im allgemeinen nicht exakt dargestellt werden können, so daß Rundungsfehler auftreten.

Beispiel: `DO 1001 X=0.0, 1.0, 0.01`

0.01 ist (als Zahl zur Basis 2 oder 16) nicht exakt darstellbar.
Nach dem Algorithmus ergibt sich für die Anzahl der Durchläufe

$$A = (1.0 - 0.0 + 0.01)/0.01 = 101$$

Rundungsfehler können bewirken, daß der Ausdruck rechts den Wert 100.9999... hat. Durch anschließendes Angleichen an A (Integer) erhält er den Wert 100. Die Folge ist, daß die Schleife für $x = 1.0$ nicht mehr durchlaufen wird.

Für Fälle, in denen die Verwendung von Nicht-Integer-Größen sich zu ergeben scheint, kann man auf einfache Weise die Benutzung von Real- oder Double Precision-Größen vermeiden.

Beispiel: Zu tabellieren sei $f(x) = 2x^2 + x - 0.5$ für $x = 0.0\ (0.01)\ 1.0$

(1) *Nicht* zu empfehlen ist:

```
REAL X,F
...
DO 1001  X=0.0, 1.0, 0.01
   F = 2.0*X*X + X - 0.5
   PRINT*, X, '    ', F
1001 CONTINUE
```

(2) *Besser* ist folgende Form:

```
REAL X, F
INTEGER I
...
DO 1001  I=0,100
   X=I/100.0
   F=2.0*X*X + X - 0.5
   PRINT*,X,'    ', F
100  CONTINUE
```

Geschachtelte DO-Schleifen

Jede Anweisung innerhalb einer DO-Schleife kann wieder eine DO-Schleife sein, in welcher sich wiederum weitere DO-Schleifen befinden können (geschachtelte DO-Schleifen). Die zulässige maximale Schachtelungstiefe ist implementationsabhängig.
Bei Schachtelungen muß jede DO-Schleife eine Variable v haben, deren Namen verschieden ist von den entsprechenden Variablen innerer oder äußerer DO-Schleifen.
Innere DO-Schleifen müssen vollständig in äußeren liegen, lediglich eine gemeinsame abschließende Anweisung von innerer und äußerer DO-Schleife ist erlaubt. Zur eindeutigen Identifizierung des Endes einer DO-Schleife sollte davon jedoch kein Gebrauch gemacht werden, sondern jede DO-Schleife sollte mit einer eigenen CONTINUE-Anweisung enden.

Beispiel: Multiplikation zweier quadratischer Matrizen

```
      INTEGER  I,J,K,N
      PARAMETER (N=20)
      REAL  A(N,N), B(N,N), C(N,N), S
      ...
      DO 30  I=1,N
         DO 20 J=1,N
         S=0.0
            DO 10 K=1,N
            S=S+A(I,K)*B(K,J)
10          CONTINUE
         C(I,J)=S
20       CONTINUE
30 CONTINUE
      ...
```

Beispiele zur Empfehlung, jede DO-Schleife mit einer eigenen Abschlußanweisung enden zu lassen.

```
(1)   DO 25  I=0,K+1
         DO 25 J=0,L
         ...
         IF (X .GT. 0.,0) THEN GO TO 25
C-----REST WIRD UEBERSPRUNGEN
         ...
      25 CONTINUE
```

Gemeint ist hier vermutlich, daß der Rest der inneren Schleife übersprungen werden soll und mit dem nächsthöheren Wert der inneren Schleife fortgefahren wird.
Besser ist:

```
(2)   DO 25  I=0,K+1
         DO 15 J=0,L
         ...
         IF (X .GT. 0.0) THEN GO TO 15
C-----REST WIRD UEBERSPRUNGEN
         ...
      15    CONTINUE
      25 CONTINUE
```

Jetzt ist die Situation eindeutig.

Soll tatsächlich mit dem nächsthöheren Wert der äußeren Schleife fortgefahren werden, dann codiert man:

```
(3)   DO 25  I=0,K+1
      DO 15  J=0,L
      ...
      IF (X .GT. 0.0) THEN GO TO 25
      ...
   15 CONTINUE
   25 CONTINUE
```

Sprünge aus Schleifen sind erlaubt, Sprünge in Schleifen sind grundsätzlich verboten (dann wird nämlich die DO-Anweisung und damit der Anfang des geschilderten Algorithmus übersprungen), auch wenn vorher aus derselben DO-Schleife herausgesprungen wurde (d.h. es gibt in FORTRAN 77 kein "extended range of a DO-loop").

5.4 Abfrageanweisungen

* Das arithmetische IF

Allgemeine Form:

$$IF\ (a)\ m_1,\ m_2,\ m_3$$

a ist ein arithmetischer Ausdruck vom Typ Integer, Real oder Double Precision. m_1, m_2, m_3 sind drei (nicht notwendig verschiedene) Anweisungsnummern in der gleichen Programmeinheit, die eine ausführbare Anweisung markieren.

Wirkung: $a < 0$ bewirkt Sprung nach m_1
 $a = 0$ bewirkt Sprung nach m_2
 $a > 0$ bewirkt Sprung nach m_3

Das logische IF

Allgemeine Form:

$$IF\ (logaus)\ s$$

logaus ist ein logischer Ausdruck, s ist eine ausführbare Anweisung mit folgenden Einschränkungen: s darf keine IF-Anweisung (arithmetisches IF, logisches IF, Block IF), keine ELSE IF-, END IF, ELSE- oder DO-Anweisung sein.

Wirkung: Hat logaus den Wert .TRUE., dann wird s ausgeführt, hat logaus den Wert .FALSE., dann wird s nicht ausgeführt. In beiden Fällen werden die auf das IF folgende und alle weiteren Anweisungen ausgeführt.

Beispiele:

```
(1)   IF (A .LT. 0.0) A=-A
```

Simulation der Funktion ABS für Argumente vom Typ Integer oder Real oder Double Precision.

```
(2)   IF (X .GT. 0.0) GO TO 10
      F=1.0
      GO TO 20
   10 CONTINUE
      F=0.5*X+1.0
   20 CONTINUE
      ...
```

Ermittlung eines Wertes der Funktion

$$f(x) = \begin{cases} 0.5x + 1, x > 0 \\ 1.0, x \leq 0 \end{cases}$$

Hier handelt es sich um eine echte Alternative, die sehr umständlich programmiert werden muß (GO TO 20 verhindert, daß bei $x \leq 0$ der zugewiesene Wert durch $0.5*x + 1.0$ überschrieben wird).
Für derartige Fälle empfiehlt sich eine Block IF-Konstruktion.

Das Block IF

Allgemeine Form:

IF (logaus) THEN	← Block IF-Anweisung
s_1	
...	IF-Block
s_m	
ELSE	← ELSE-Anweisung
t_1	
...	ELSE-Block
t_n	
END IF	← END IF-Anweisung

Bemerkungen zur Gestaltung der Programmquelle:

Es handelt sich bei der angegebenen Konstruktion um insgesamt $m + n + 3$ Anweisungen.
IF (logaus) THEN ist *eine* Anweisung. Wird das THEN aus Layoutgründen in eine gesonderte Zeile geschrieben, so ist diese in Position 6 als Folgezeile zu markieren.

ELSE und END IF sind gesonderte Anweisungen und müssen für sich in einer Zeile stehen.

Wirkung: Hat logaus den Wert .TRUE., dann werden die Anweisungen $s_1, \ldots, s_m$ ausgeführt (und nur diese). Hat logaus den Wert .FALSE., dann werden die Anweisungen $t_1, \ldots, t_n$ ausgeführt (und nur diese). In beiden Fällen wird nach Ausführung der letzten Anweisung des Blockes (also nach s_m odert t_n) die auf END IF folgende Anweisung durchgeführt.

Sonderfälle:

(1) $n = 0$, d.h. der ELSE-Block ist leer und bei logaus = .FALSE. passiert nichts. Dann entfallen nicht nur die Anweisungen $t_1, \ldots, t_n$, sondern auch die ELSE-Anweisung, und man hat folgende formale Gestalt:

    IF (logaus) THEN
        s_1
        ...
        s_m
    END IF

(2) $m = 0$, d.h. der IF-Block ist leer und bei logaus = .TRUE. passiert nichts. Dann folgt die ELSE-Anweisung unmittelbar auf die IF (...) THEN-Anweisung.
Diese Schreibweise ist nicht sehr suggestiv, so daß dieser Fall sinnvollerweise durch Negation von logaus auf den Fall (1) zurückgeführt werden sollte; die formale Gestalt ist dann:

    IF (.NOT. logaus) THEN
        t_1
        ...
        t_n
    END IF

(3) Für $n = 0$ und $m = 1$ hat man formal

    IF (logaus) THEN
        s_1
    END IF

Dies ist aber genau das logische IF, gleichbedeutend mit dieser Form ist also:

    IF (logaus) s_1

Das logische IF ist also der spezielle Sonderfall n = 0, m = 1 des Block IF.

Mit dem Sonderfall (1) des Block IF kann die in vielen Programmiersprachen vorhandene, in FORTRAN 77 jedoch fehlende *while*-Konstruktion simuliert werden:

while-Konstruktion	*FORTRAN 77-Simulation*
while (logaus) *do*	10 CONTINUE
s_1	IF (logaus) THEN
...	s_1
s_m	...
end while	s_m
	GO TO 10
	END IF

Geschachtelte Block IF's

Jede der Anweisungen s_i oder t_i kann ihrerseits wieder eine IF-Anweisung sein, insbesondere ein Block IF. In diesen können wiederum Block IF-Anweisungen auftreten u.s.w. (geschachtelte IF's bzw. nested IF's).

Klassische Anwendungen hierfür sind Algorithmen mit vielen Fallunterscheidungen, z.B. die allgemeine quadratische Gleichung

$$ax^2 + bx + c = 0 \qquad \text{mit } a, b, c, \in \mathbf{R}$$

Für a = 0 hat man den linearen Fall, der für b ≠ 0 eine Lösung liefert. Für b = 0 muß man die Fälle c = 0 (jedes x ist Lösung) und c ≠ 0 (Widerspruch) unterscheiden.
Für a ≠ 0 kann man die Gleichung auf

$$x^2 + \frac{b}{a}x + \frac{c}{a} = 0$$

zurückführen, für die die Lösung lautet:

$$x_{1,2} = -\frac{b}{2a} \pm \frac{1}{2a} \sqrt{b^2 - 4ac}$$

Mit d: = b²-4ac ergeben sich die Fälle:

    d > 0: zwei reelle Lösungen
    d = 0: eine reelle Dopppelwurzel
    d < 0: zwei konjugiert komplexe Lösungen

Im folgenden *Beispiel* wird nur mit reellen Größen gearbeitet. Die Abfrage "a = 0?" wird durch "|a| < EPS" ersetzt; analog b = 0?, c = 0? und d = 0?.

```
      ...
      IF (ABS(B) .LT. EPS) THEN
         IF (ABS(B) .LT. EPS) THEN
            IF (ABS(C) .LT. EPS) THEN
               PRINT*,' JEDES X IST LOESUNG'
            ELSE
               PRINT*,' WIDERSPRUCH'
            END IF
         ELSE
            X=-C/B
            PRINT*,' EINE REELLE LOESUNG',X
         END IF
      ELSE
         D=B*B-4.0*A*C
         E=2.0*A
         IF (ABS(D) .LT. EPS) THEN
            X=-B/E
            PRINT*,' EINE REELLE DOPPELWURZEL',X
         ELSE
            IF (D .GT. EPS) THEN
               X1=-B/E+SQRT(D)/E
               X2=-B/E-SQRT(D)/E
               PRINT*,' ZWEI REELLE LOESUNGEN',X1, ' UND',X2
            ELSE
               RE=-B/E
               AIM=SQRT(-D)/E
               PRINT*,' ZWEI KONJUGIERT KOMPLEXE LOESUNGEN'
               PRINT*,' REALTEILE',RE' IMAGINAERTEILE',AIM
            END IF
         END IF
      END IF
      ...
```

Tip: Um die Schachtelung optisch besser zu erfassen und z.B. zu jedem IF... das zugehörige END IF sowie - falls vorhanden - das ELSE sofort erkennen zu können, empfiehlt sich das Einrücken nach rechts, und zwar umso mehr, je tiefer die Schachtelung ist.

Die ELSE IF-Anweisung

Oftmals hat man den Fall sich wechselseitig ausschließender Möglichkeiten, d.h. unter mehreren möglichen Fällen kann genau nur einer auftreten. In anderen Sprachen gibt es hierfür die *case*-Anweisung; FORTRAN 77 kennt die folgende Anweisung:

ELSE IF (logaus) THEN

Diese Anweisung kann nur mit einem vorangehenden IF(...) THEN auftreten.

Wirkung: Hat logaus den Wert .TRUE., dann werden alle Anweisungen (diese bilden den ELSE IF-Block) bis zur nächsten ELSE IF-, ELSE- oder END IF-Anweisung durchgeführt. Ist logaus .FALSE., so werden sie nicht ausgeführt.

Achtung: Die Konstruktionen

```
ELSE
   IF (...) THEN
```

und ELSE IF (...) THEN

sind unterschiedlich. Im ersten Fall haben wir zwei, im zweiten Fall nur eine Anweisung. Im ersten Fall ist für die IF (...) THEN-Anweisung ein eigenes END IF nötig, im zweiten Falle, für ELSE IF (...) THEN, nicht.

Beispiel: Nach dem (neuen) Steuergesetz 1986/1988, das 1987 allerdings wieder geändert wird (Senkung des Spitzensteuersatzes), sollte gelten:

x sei das steuerpflichtige Einkommen, s sei die Steuer (alles auf ganze DM gerundet)

$x \leq 4536$	: $s = 0$
$4536 < x \leq 18035$	: $s = 0.22x - 998$
$18035 < x \leq 80027$	: $s = 0.79y^4 - 30.82y^3 + 452y^2 + 2200y + 2962$

$$mit\ y = \frac{x - 18000}{10000}$$

$80027 < x \leq 130031$: $s = 60y^2 + 5000y + 27798$

$$mit\ y = \frac{x - 80000}{10000}$$

$x < 130031$: $s = 0.56x - 18502$

```
...
IF (X .LE. 4536) THEN
   S=0
ELSE IF (X .LE. 18035) THEN
   S=0.22*X-998
```

```
      ELSE IF (X .LE. 80027) THEN
           Y=(X-18000)/10000
           S=0.79*Y**4-30.82*Y**3+452*Y*Y2200*Y+2926
      ELSE IF (X .LE. 130031) THEN
           Y=(X-80000)/10000
           S=60*Y*Y+5000*Y+27798
      ELSE
           S=0.56*X-18502
      END IF
...
```

Die Analogie zu *case*-Konstruktionen besteht darin, daß der ELSE-Block dem dortigen *otherwise* entspricht.
Man beachte: Es gibt nur eine END IF-Anweisung in der gesamten Konstruktion.

Der FORTRAN 77-Standard definiert den IF-Level. Der IF-Level l einer Anweisung A ist definiert als $l = n_1 - n_2$ mit:

- n_1 ist die Anzahl von Block IF-Anweisungen vom Anfang der Programmeinheit bis einschließlich A.

- n_2 ist die Anzahl der END IF-Anweisungen vom Anfang der Programmeinheit bis zu A, jedoch ohne dieses selbst.

Beispiele: Bei dem Programmstück für die Lösung der quadratischen Gleichung wurde nach dem dritten IF am Anfang und nach IF (D .GT. EPS) THEN der Level $l = 3$ erreicht. Bei dem letzten Beispiel war der Level stets $l = 1$.

Sprünge und DO's in Block IF's

Folgende Sprünge sind verboten:

- in das Innere eines IF-Blocks
- in das Innere eines ELSE-Blocks
- auf die ELSE-Anweisung
- in das Innere eines ELSE IF-Blocks
- auf die ELSE IF-Anweisung.

Es ist aber erlaubt, aus IF-, ELSE- oder ELSE IF-Blöcken herauszuspringen. Ist ein GO TO unter den Anweisungen in einer IF-Konstruktion von IF-Level l, so darf das Sprungziel eine Anweisung in einem Block des IF-Levels $k < l$ sein (innerhalb der gleichen Schachtelungskonstruktion).

Eine DO-Schleife (beginnend mit der DO-Anweisung und endend mit der entsprechend markierten Anweisung, z.B. einem CONTINUE) läßt sich als *eine* Anweisung höherer Ordnung auffassen. Als solche muß sie *vollständig* innerhalb eines IF-, ELSE- oder ELSE IF-Blockes liegen.

Eine komplette IF-Anweisung (ggf. mit Schachtelung, beginnend bei der IF-Anweisung des Levels 1 und endend mit END IF des Levels 1) läßt sich ebenfalls als *eine* Anweisung höherer Ordnung auffassen. Als solche muß sie vollständig innerhalb einer DO-Schleife liegen.

Verboten ist z.B.:

```
      IF (...) THEN                    DO 901 K=-3,M,2
         ...                              ...
         DO 20 I=0,M+1                    IF (...) THEN
         ...                              ...
      ELSE                          901 CONTINUE
20       CONTINUE                         ...
         ...                              END IF
      END IF
```

Erlaubt ist dagegen:

```
      IF (...) THEN                    DO 901 K=-3,M,2
         ...                              ...
         DO 20 I=0,M+1                    IF (...) THEN
         ...                              ...
20       CONTINUE                         END IF
         ...                              ...
      END IF                         901 CONTINUE
```

6. Hauptprogramm und Unterprogramme

6.1 Allgemeines

Ein vollständiges FORTRAN 77-Programm besteht mindestens aus einem Hauptprogramm und aus beliebig vielen externen Unterprogrammen. Im einfachsten Fall besteht es nur aus dem Hauptprogramm.
Es gibt drei Arten von externen Unterprogrammen:

- Functions
  Eine Function wird immer dann benutzt, wenn aus einer Reihe von Werten *ein* Ergebnis von einem der 6 möglichen Typen gebildet werden soll.

- Subroutines
  Soll ein Unterprogramm mehrere Ergebnisse liefern und/oder ganze Arrays, dann wird die Subroutine benutzt.

- Block Data
  Ein Block Data-Unterprogramm enthält überhaupt keine ausführbare Anweisung. Es dient nur dazu, Größen in Common-Blöcken mit Hilfe von Data-Anweisungen zu initialisieren.

Für häufig auftretende Probleme gibt es in FORTRAN 77 eine Reihe von Functions, die mit dem Compiler geliefert werden und die der Programmierer daher nicht mehr schreiben muß. Man nennt sie *Eingebaute Funktionen (Intrinsic Functions)*; eine vollständige Auflistung findet sich in Abschnitt 6.4. Außer den externen Function-Unterprogrammen kennt FORTRAN 77 noch die *Anweisungsfunktion* oder *Statement Function*. Sie besteht nur aus einer einzigen Anweisung, wird im Deklarationsteil des Haupt- oder eines externen Unterprogramms definiert und gilt nur innerhalb derjenigen Programmeinheit, in der sie definiert wurde.

Mehrere externe Unterprogramme - hintereinander als Quelltext angegeben - können zusammen und getrennt von anderen externen Unterprogrammen und dem Hauptprogramm übersetzt werden.
Die Reihenfolge der einzelnen Programmeinheiten im Quelltext ist beliebig, das Hauptprogramm kann z.B. als Programmeinheit irgendwo zwischen externen Unterprogrammen stehen.
Der Quelltext einer jeden Programmeinheit stellt - im Gegensatz zu anderen Sprachen wie z.B. PASCAL - ein isoliertes Objekt dar.

Die Logik eines vollständigen Programmes, bestehend aus Hauptprogramm und diversen externen Unterprogrammen, läßt sich wie folgt schematisch darstellen (UP_1 bis UP_{12} seien Functions oder Subroutines, BD_1 und BD_2 seien Block Data-Unterprogramme):

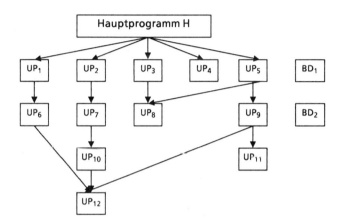

Der Ablauf des gesamten Programmes beginnt mit der ersten ausführbaren Anweisung des Hauptprogrammes. In weiteren Anweisungen folgen dann Aufrufe der Unterprogramme. Diese Unterprogramme enthalten ggf. wieder Aufrufe weiterer Unterprogramme. Nach Beendigung eines Unterprogrammes wird der Ablauf in der rufenden Programmeinheit fortgesetzt. Der gesamte Ablauf endet mit einem STOP im Hauptprogramm (es ist im Prinzip auch möglich, den logischen Ablauf durch ein STOP in einem Unterprogramm zu terminieren; im Hinblick auf einen sauberen Programmierstil sollte dies jedoch unterbleiben).

Ein von H nach UP_j oder von UP_k nach UP_j ($j \neq k$) führender Pfeil deutet an, daß UP_j von H oder von UP_k aufgerufen wird. Ein geschlossener Pfeilzyklus ist verboten (indirekte Rekursivität). Ebenfalls ist es verboten, daß ein Unterprgramm sich selbst aufruft (direkte Rekursivität).

Eine besondere Rolle spielen die Block Data-Unterprogramme. Sie werden nicht aufgerufen, sondern *vor* dem Start des Programmes werden entsprechend der in ihnen formulierten DATA-Anweisungen Größen in Common-Blöcken mit Werten vorbesetzt.

6.2 Das Hauptprogramm

Die erste (nicht ausführbare) Anweisung einer Programmeinheit gibt Auskünfte darüber, ob es sich um das Hauptprogramm, ein Function-Unterprogramm, ein Subroutine-Unterprogramm oder ein Block Data-Unterprogramm handelt.

Für die erste Anweisung des Hauptprogrammes bestehen zwei Möglichkeiten:

- Sie ist *nicht* vorhanden, d.h. die Programmeinheit beginnt sofort mit dem Deklarationsteil (diese Möglichkeit existiert, um die Kompatibilität mit FORTRAN IV-Programmen zu sichern).

- Die erste Anweisung lautet:

    PROGRAM pname

pname ist ein Name gemäß Abschnitt 1.3, er muß von jedem anderen Namen im Hauptprogramm (lokalen Namen) sowie von allen Namen externer Unterprogramme und allen Common Block-Namen (globalen Namen) verschieden sein.

Das Hauptprogramm darf alle möglichen FORTRAN-Anweisungen enthalten außer BLOCK DATA, FUNCTION, SUBROUTINE, ENTRY oder RETURN. Eine eventuell auftretende SAVE-Anweisung ist ohne Wirkung. Das Hauptprogramm darf nicht von sich selbst oder von irgendeinem Unterprogramm aufgerufen werden.

Die letzte Anweisung einer jeden Programmeinheit, also auch des Hauptprogramms, lautet:

END

Die END-Anweisung darf nur zwischen Position 7 und Position 72 einer Anfangszeile stehen, sie darf keine Fortsetzungszeile haben. Mit der END-Anweisung wird für den Compiler das *physikalische* Ende einer Programmeinheit markiert.

Das *logische* Ende des Hauptprogramms wird durch die folgende ausführbare Anweisung angegeben:

STOP [n]

Die Angabe zu n kann entfallen; tritt sie auf, so kann n sein:

- Eine Zeichenfolge aus bis zu 5 Ziffern
- Eine Textkonstante.

Wirkung: Bei Erreichen einer STOP-Anweisung wird das Programm beendet, in das Ergebnisprotokoll wird die Angabe zu n gedruckt.

Sinnvoll ist diese Anweisung nur im Hauptprogramm; in externen Unterprogrammen wird durch die RETURN-Anweisung (Rücksprung in das rufende Programm) das logische Ende markiert. Es können mehrere STOP-Anweisungen im Hauptprogramm auftreten, die dann durch unterschiedliche Angaben zu n im Ablaufprotokoll identifiziert werden können.

Beispiel:
```
        PROGRAM P1
          INTEGER I,J
          REAL A,B
              .
              .
              .
          IF ((A+B)**I .LT. J) THEN
              .
              .
              .
            STOP 'FALL 1'
          ELSE
              .
              .
              .
            STOP 'FALL 2'
          ENDIF
        END
```

6.3 Anweisungsfunktionen

Eine Anweisungsfunktion (statement function) ist eine sehr einfache Form eines Unterprogramms. Sie gilt *nur* in der Programmeinheit, in der sie definiert wurde. Dort muß sie *nach* allen Deklarationsanweisungen und *vor* der ersten ausführbaren Anweisung definiert werden.
Die Definition der Anweisungsfunktion darf nur aus einer einzigen Anweisung bestehen.
Formal sieht die Definition wie folgt aus:

anwfun ([p [, p] ...]) = a

anwfun ist der Name der Anweisungsfunktion, er muß den üblichen Konventionen genügen und darf nicht mit dem Namen einer anderen Größe in derselben Programmeinheit übereinstimmen. Mit dem Namen ist einer der 6 Datentypen verbunden, entweder durch vorherige Deklaration oder durch implizite Typfestlegung.

Die p sind die formalen Parameter der Anweisungsfunktion. a ist ein Ausdruck, dessen Typ mit dem von anwfun verträglich sein muß (entweder sind beide arithmetisch oder beide sind vom Typ Logical oder beide sind vom Typ Character).

Jedes p muß die Form eines Variablennamens haben, die Parameter p dürfen dabei unterschiedlichen Typ haben, ein Name darf jedoch nur einmal in der Liste auftreten.

Der Ausdruck a darf Aufrufe von anderen Anweisungsfunktionen erhalten, die jedoch *vorher* definiert werden müssen. Er darf ferner Aufrufe von eingebauten Funktionen und von externen Funktionen enthalten. Zur Vermeidung von Konflikten sollte als Name einer Anweisungsfunktion *niemals* der Name einer eingebauten Funktion gewählt werden.

Sind anwfun und/oder Parameter vom Typ Character, so dürfen sie nicht die unbestimmte Längenangabe (*) haben.

Eine Anweisungsfunktion kann in der Programmeinheit, in der sie definiert wurde, genauso wie eine eingebaute Funktion oder eine externe Funktion aufgerufen werden.

Das heißt: Der Name der Anweisungsfunktion, gefolgt von einer Liste aktueller Parameter, die in Anzahl, Typ und Reihenfolge mit den formalen Parametern übereinstimmen müssen und die beliebig komplizierte Ausdrücke sein können, darf in einem Ausdruck an jeder Stelle auftreten, an der auch eine Variable vom gleichen Typ wie anwfun stehen dürfte.

Beim arithmetischem Typ ist die Bindung an den einzelnen Typ nicht zwingend, ggf. findet eine Typangleichung statt.

Beispiele:

```
      PROGRAM P
      REAL F, FSTR, X, X1, X0
      LOGICAL LA, LB, NAND, L1, L2, L3
      CHARACTER*10 TEXT, TITEL, TEXT1*16, HERVOR*16
      DATA TITEL /'FORTRAN□77'/
      F(X) = EXP(X)-3.0*X
      FSTR = EXP(X)-3.0
      NAND (LA,LB) = .NOT. (LA .AND. LB)
      HERVOR(TEXT) = '**□'//TEXT//'□**'
      ...
C-------AUFRUF DER ANWEISUNGSFUNKTIONEN

      X1 = X0-F(X0)/FSTR(X0)
      ...
      IF (NAND (L1, NAND (L2,L3)) .EQV.
     +    NAND (NAND (L1,L2),L3)) THEN
      ...
      TEXT1 = HERVOR (TITEL)
      ...
      END
```

6.4 Eingebaute Funktionen

Eingebaute Funktionen (Intrinsic Functions) müssen nicht deklariert werden. Eine eingebaute Funktion wird aufgerufen, indem man sie in einem Ausdruck an eine Stelle schreibt, an der eine Variable stehen kann. Die allgemeine Form des Aufrufs ist:

fname (a [,a]...)

Die a nennt man die Argumente der Funktion. Die meisten eingebauten Funktionen haben ein Argument, einige wenige auch zwei oder mehr. Mit fname ist ein fester Typ verbunden. In den nachfolgenden Tabellen finden sich Angaben zu dem Typ des Namens und dem Typ des Arguments (bzw. der Argumente).
Der Name der Funktion muß - auch wenn der Typ nicht Real oder Integer ist - *nicht* deklariert werden, er ist mit der eingebauten Funktion selbst vordefiniert. Der Name einer eingebauten Funktion sollte *nicht* für andere Größen verwendet werden (kein Array namens EXP deklarieren), da die Wirkung unvorhersehbar ist.
Aus historischen Gründen (Kompatibilität mit FORTRAN IV) gibt es in FORTRAN 77 bei vielen Funktionen den Unterschied zwischen einem *generischen Namen* (generic name) und einem *spezifischen Namen* (specific name).

Beispiel:

FORTRAN IV kannte für die Bildung von sin x drei verschiedene Funktionen
SIN (X)   , x vom Typ Real, Ergebnis ist Real
DSIN (X)   , x vom Typ Double Precision, Ergebnis ist Double Precision
CSIN (X)   , x vom Typ Complex, Ergebnis ist Complex.

Aus Gründen der Aufwärtskompatibilität gibt es in FORTRAN 77 ebenfalls diese 3 Funktionen mit der gleichen Wirkung wie in FORTRAN IV; sie werden als spezifische Namen bezeichnet. Ferner gibt es in FORTRAN 77 die Möglichkeit - und nur von dieser sollte Gebrauch gemacht werden -, in allen drei Fällen den gleichen Namen, nämlich SIN, zu verwenden. In Abhängigkeit vom Typ des Arguments ist das Ergebnis dann Real, Double Precision oder Complex. SIN wird dann als generischer Name bezeichnet.

Vorteile:
(1) Bei erwünschter hoher Genauigkeit müssen -wenn eine Double Precision-Version eines bisher mit Real-Größen geschriebenen Programms erstellt wird - nicht sämtliche Funktionsaufrufe mathematischer Standardfunktionen geändert werden.
(2) Der Programmierer muß sich weniger Namen merken, die FORTRAN 77-Schreibweise ist "näher" an der mathematischen Formulierung.

Funktionen zur Umwandlung des Typs

Bedeutung	Anzahl d. Argumente	generischer Name	spezifische Namen	Typ der Argumente	Typ der Funktion
Umwandlung in Integer	1	INT	– INT IFIX IDINT –	Integer Real Real Double Complex	Integer Integer Integer Integer Integer
Umwandlung in Real	1	REAL	REAL FLOAT – SNGL –	Integer Integer Real Double Complex	Real Real Real Real Real
Umwandlung in Double	1	DBLE	– – – –	Integer Real Double Complex	Double Double Double Double
Umwandlung in Complex	1 oder 2	CMPLX	– – – –	Integer Real Double Complex	Complex Complex Complex Complex
Umwandlung eines Zeichens in die Integer-Zahl, welche die laufende Nummer in der Collating Sequence angibt	1		ICHAR	Character (Länge = 1)	Integer
Umwandlung einer Integer-Zahl in das Zeichen, welches die Position in der Collating Sequence hat, die das Argument angibt	1		CHAR	Integer	Character (Länge = 1)

Bemerkungen:

(1) Die ersten drei Funktionen INT, REAL und DBLE sowie die zugehörigen spezifischen Namen sind im Grunde überflüssig. Sie sind nur wegen der Aufwärtskompatibilität von FORTRAN IV zu FORTRAN 77 vorhanden (IFIX und FLOAT stammen sogar noch aus den Zeiten von FORTRAN II). Für CMPLX gilt das gleiche mit Ausnahme des Falles zweier Parameter. Dann wird nämlich aus zwei Werten X und Y der Typen Integer, Real oder Double Precision (theoretisch ist sogar Complex möglich) die komplexe Zahl aufgebaut, deren Realteil REAL(X) und deren Imaginärteil REAL(Y) ist.

(2) ICHAR und CHAR sind zueinander invers, d.h. ICHAR(CHAR(I)) liefert I und CHAR(ICHAR(CH)) liefert CH.

Funktionen zur Manipulation arithmetischer Größen

Bedeutung	Anzahl d. Argumente	generischer Name	spezifische Namen	Typ der	
				Argum.	Funktion
Abschneiden	1	AINT	AINT DINT	Real Double	Real Double
Runden	1	ANINT	ANINT DNINT	Real Double	Real Double
Runden mit Umwandlung in Typ Integer	1	NINT	NINT IDNINT	Real Double	Integer Integer
Absolutbetrag |X| bzw. $\sqrt{re^2 + im^2}$ bei Typ Complex	1	ABS	IABS ABS DABS CABS	Integer Real Double Complex	Integer Real Double Real
Divisionsrest	2	MOD	MOD AMOD DMOD	Integer Real Double	Integer Real Double
Vorzeichen versehen mit Betrag des ersten Arguments. |X1|, wenn X2≥0, -|X1|, wenn X2<0	2	SIGN	ISIGN SIGN DSIGN	Integer Real Double	Integer Real Double
Positive Differenz X1 - X2, wenn X1>X2; 0, wenn X1≤X2	2	DIM	IDIM DIM DDIM	Integer Real Double	Integer Real Double

Bedeutung	Anzahl d. Argumente	generischer Name	spezifische Namen	Typ der Argum.	Typ der Funktion
Produkt in doppelter Genauigkeit	2		DPROD	Real	Double
Imaginärteil eines komplexen Arguments	1		AIMAG	Complex	Real
Übergang zum konjugiert Komplexen	1		CONJG	Complex	Complex
Auswählen der größten Zahl max(X1,...,XN)	≥ 2	MAX	MAX0 AMAX1 DMAX1	Integer Real Double	Integer Real Double
dto. bei gleichzeitiger Typenumwandlung	≥ 2		AMAX0 MAX1	Integer Real	Real Integer
Auswählen der kleinsten Zahl min(X1,...,XN)	≥ 2	MIN	MIN0 AMIN1 DMIN1	Integer Real Double	Integer Real Double
dto. bei gleichzeitiger Typenumwandlung	≥ 2		AMIN0 MIN1	Integer Real	Real Integer

Beispiele und Bemerkungen:

AINT(- 6.7) liefert - 6.0, AINT (-6.7D0) liefert -6.0D0.
ANINT ist AINT(X + 0.5) für $X \geq 0$ und AINT(X-0.5) für $X<0$.
MOD ist undefiniert, wenn der zweite Parameter Null ist.
SIGN ist eine Verallgemeinerung der mathematischen Signum-Funktion; diese ist der Sonderfall X1 = 1 (bzw. 1.0 bzw. 1.0D0).
MAX und MIN gestatten den Verzicht auf IF-Abfragen, z.B. läßt sich wie folgt die kleinste Zahl aus den N Zahlen eines Arrays ermitteln:

```
      X = A(1)
      DO 100 J = 2,N
        X = MIN(X,A(J))
  100 CONTINUE
```

In X steht das Minimum.

Funktionen zur Manipulation von Character-Größen

Die Argumente sind stets vom Typ Character mit beliebiger Länge, daher wird keine Angabe über den Typ der Argumente in der folgenden Tabelle gemacht. Ebenfalls entfällt die Trennung zwischen generischem und spezifischem Namen.

Bedeutung	Anzahl der Argumente	Name	Typ der Funktion
Ermittlung der Länge eines Strings; der Wert des Arguments muß bei Aufruf nicht definiert sein.	1	LEN	Integer
Ermittlung der laufenden Position, an der ein Substring beginnt	2	INDEX	Integer
Lexikographischer Vergleich zweier Strings gemäß der ASCII-Collating Sequence, Vergleich auf "größer oder gleich", "größer", "kleiner oder gleich", "kleiner"	2 2 2 2	LGE LGT LLE LLT	Logical Logical Logical Logical

Beispiele und Bemerkungen:

LEN('TEXT') liefert das Ergebnis 4.
INDEX(C1,C2) liefert 0, wenn C2 kein Substring von C1 ist, sonst liefert es die Position des Zeichens, bei dem C2 beginnt. Kommt C2 mehrfach als Substring in C1 vor, dann liefert INDEX die Position, an der der erste Substring beginnt.
Wenn LEN(C1)<LEN(C2) ist, dann liefert INDEX stets 0.
LLT(A,B) ist .TRUE., wenn A lexikographisch vor B kommt im Sinne der durch den ASCII festgelegten Collating Sequence (analog LGT, LLE und LLT).

Nachfolgend die Tabelle des ASCII (7-Bit-Code) mit Angabe des Zahlenwertes für jedes Zeichen dual und sedezimal. Z.B.: A entspricht 100 0001 (dual) und 41 (sedezimal). Bei gewissen nationalen Abweichungen werden einige Sonderzeichen durch zusätzliche Buchstaben erstetzt (Ä, Ö, Ü, ä, ö, ü, ß).

		000	001	010	011	100	101	110	111
		0	1	2	3	4	5	6	7
0000	0	NUL	DLE	□	0	@	P	`	p
0001	1	SOH	DC1	!	1	A	Q	a	q
0010	2	STX	DC2	"	2	B	R	b	r
0011	3	ETX	DC3	#	3	C	S	c	s
0100	4	EOT	DC4	$	4	D	T	d	t
0101	5	ENQ	NAK	%	5	E	U	e	u
0110	6	ACK	SYN	&	6	F	V	f	v
0111	7	BEL	ETB	'	7	G	W	g	w
1000	8	BS	CAN	(	8	H	X	h	x
1001	9	HT	EM	)	9	I	Y	i	y
1010	A	LF	SUB	*	:	J	Z	j	z
1011	B	VT	ESC	+	;	K	[	k	{
1100	C	FF	IS4	,	<	L	\	l	|
1101	D	CR	IS3	-	=	M	]	m	}
1110	E	SO	IS2	.	>	N	^	n	~
1111	F	SI	IS1	/	?	O	-	o	DEL

Mathematische Standardfunktionen

Bedeutung	Anzahl d. Argumente	generischer Name	spezifische Namen	Typ der Argum.	Typ der Funktion
e^x	1	EXP	EXP DEXP CEXP	Real Double Complex	Real Double Complex
ln x	1	LOG	ALOG DLOG CLOG	Real Double Complex	Real Double Complex
log x (Basis 10)	1	LOG10	ALOG10 DLOG10	Real Double	Real Double
sin x	1	SIN	SIN DSIN CSIN	Real Double Complex	Real Double Complex
cos x	1	COS	COS DCOS CCOS	Real Double Complex	Real Double Complex
tan x	1	TAN	TAN DTAN	Real Double	Real Double
arc sin x	1	ASIN	ASIN DASIN	Real Double	Real Double
arc cos x	1	ACOS	ACOS DACOS	Real Double	Real Double
arc tan x	1	ATAN	ATAN DATAN	Real Double	Real Double
arc tan x1/x2	2	ATAN2	ATAN2 DATAN2	Real Double	Real Double
sinh x	1	SINH	SINH DSINH	Real Double	Real Double
cosh x	1	COSH	COSH DCOSH	Real Double	Real Double
tanh x	1	TANH	TANH DTANH	Real Double	Real Double
$\sqrt{x}$	1	SQRT	SQRT DSQRT CSQRT	Real Double Complex	Real Double Complex

Bemerkungen:

(1) Folgende Einschränkungen bestehen aufgrund der mathematischen Eigenschaften:

Funktion(en)	Typ des Arguments x	Einschränkungen
LOG, LOG 10	Real, Double Complex	X>0.0 bzw. X > 0.0D0 X ≠ (0.0, 0.0)
TAN	Real, Double	X ≠ (2k + 1) · π/2 (k = 0, ±1,...)
ASIN, ACOS	Real, Double	|X| ≦ 1.0 bzw. 1.0D0
ATAN2	Real, Double (2 Argumente X,Y)	X≠0.0 oder Y≠0.0 bzw. X≠0.0D0 oder Y≠0.0D0
SQRT	Real, Double Complex	X≧0.0 bzw. 0.0D0 keine

Bei allen übrigen Funktionen bestehen prinzipiell keine Einschränkungen.

(2) Art des Ergebnisses E bei mathematisch bedingter Mehrdeutigkeit:

Funktion(en)	Typ des Arguments x	Ergebnis E
LOG, LOG 10	Complex	Im (E) ∈ [-π,π]
ASIN, ACOS	Real, Double	bei ASIN: E ∈ [-π/2, π/2] bei ACOS: E ∈ [0, π]
ATAN	Real, Double	E ∈ [-π/2, π/2]
ATAN 2	Real, Double (2 Argumente X,Y)	für X ≠ 0.0 und Y = 0.0 ist E = ± π/2 (je nach Vorzeichen von X)
TANH	Real, Double	E ∈ (-1.0, 1.0)
SQRT	Real, Double Complex	E ≧ 0.0 bzw. 0.0D0 E: Hauptwert mit Re(E)≧0.0 Ist Re(E) = 0.0, dann Im(E)≧0.0

6.5 Functions

Die erste Anweisung eines externen Unterprogrammes, das eine Function beschreibt, hat folgende Form:

[typ] FUNCTION funame ([p [,p]...])

typ steht für eines des 6 Schlüsselwörter zur Typdeklaration. Entfällt diese Angabe, dann treten aufgrund des Anfangsbuchstabens von funame bzgl. des Typs der Function die Voreinstellungen (z.B. I bis N ist Integer) oder die durch IMPLICIT-Anweisungen getroffenen Vereinbarungen in Kraft.

Hat typ die Form CHARACTER*I, dann darf der Ausdruck für I keine benannten Konstanten enthalten, da diese ja erst später definiert werden können.

funame ist der Name der Function, er muß sich vom Namen des Hauptprogramms und von den Namen aller anderen externen Unterprogramme unterscheiden. Ferner darf er mit keinem Namen einer eingebauten Funktion übereinstimmen. Gemäß Standard gibt es viele weitere Regeln bzgl. des mehrfachen Vorkommens von funame, die recht kompliziert sind. Auf der sicheren Seite ist man, wenn funame mit *keinem* anderen Namen in irgendeiner Programmeinheit übereinstimmt. funame sollte nur dann in anderen Programmeinheiten auftreten, wenn die Function aufgerufen wird.

Die p sind die formalen Parameter, ihre Anzahl darf auch Null sein, jedoch sind die runden Klammern stets mitzuschreiben. Der Name eines Parameters darf in der Function nicht auftreten in EQUIVALENCE-, PARAMETER-, SAVE-, INTRINSIC-, DATA- und COMMON-Anweisungen.

Innerhalb eines Function-Unterprogrammes dürfen alle FORTRAN 77-Anweisungen vorkommen außer PROGRAM, FUNCTION, SUBROUTINE und BLOCK DATA. Die ersten - auf die [typ] FUNCTION folgenden - Anweisungen sind - falls benötigt - IMPLICIT-, PARAMETER-, Deklarations-, DATA- und COMMON-Anweisungen sowie ggf. Erklärungen eingebauter Funktionen.

Ein Function-Unterprogramm liefert mit dem Namen funame einen Wert vom vereinbarten (implizit oder explizit) Typ. Mindestens einmal muß daher der Name der Function (*ohne* Parameter) auf der linken Seite einer Wertzuweisung stehen. Er darf innerhalb der Function auch umdefiniert werden, d.h. funame steht dann rechts der Wertzuweisung. Dies ist möglich, da ein Aufruf der Function außer dem Namen mindestens noch das Klammerpaar enthalten muß. Damit ist das Umdefinieren verschieden von einem (verbotenen) rekursiven Aufruf der Function.

Der Rücksprung in das rufende Programm und damit das logische Ende der Function wird durch die Anweisung

RETURN

bewirkt. Ähnlich wie es mehrere, durch STOP bezeichnete, logische Enden des Hauptprogrammes geben kann, können mehrere RETURN-Anweisungen auftreten.
Das physikalische Ende der Function wird durch die END-Anweisung markiert. Die RETURN-Anweisung kann entfallen, dann wirkt die END-Anweisung wie RETURN.

Aufgerufen wird eine Function dadurch, daß im rufenden Programm an einer Stelle, an der eine Variable stehen kann, der Name einer Function, gefolgt von der in Klammern eingeschlossenen Liste der aktuellen Parameter steht.
Formal:

funame ([a [,a] ...])

Die a sind die aktuellen Parameter. Sie müssen in Anzahl, Typ und Reihenfolge mit den formalen Parametern übereinstimmen. Die a dürfen wiederum beliebig komplizierte Ausdrücke des entsprechenden Typs sein. Beim Aufruf werden diese Ausdrücke zunächst ausgewertet; das Ergebnis wird dem entsprechenden formalen Parameter zugewiesen (call by value). Parameter dürfen auch Arraynamen oder Namen von Unterprogrammen sein.

In der rufenden Programmeinheit muß funame in einer Typdeklaration auftreten, falls nicht von der impliziten Typzuweisung Gebrauch gemacht wird.

Beispiele:

(1) Festlegung des Ergebnistyps

```
    INTEGER FUNCTION SUM(K)
```

oder
```
    FUNCTION SUM(K)
    INTEGER SUM
```

oder
```
    FUNCTION ISUM(K)
```

Benutzung der voreingestellten impliziten Typzuweisung

oder
```
    FUNCTION SUM(K)
    IMPLICIT INTEGER(R-U)
```

Hierdurch wird nicht nur SUM vom Typ Integer, sondern alle - nicht explizit deklarierten - Größen mit den Anfangsbuchstaben R, S, T und U.

(2) Integer-Function zur Bestimmung der Quersumme einer ganzen, nicht-negativen Zahl:

```
      INTEGER FUNCTION QUER(K)
      INTEGER K
      INTEGER M,N
C-----DER PARAMETER UND LOKALE VARIABLE WERDEN GETRENNT
DEKLARIERT
      M = ABS(K)
      N = 0
   10 CONTINUE
      IF (M .GE. 1) THEN
         N = N + MOD(M,10)
         M = M/10
         GO TO 10
      END IF
      QUER = N
      RETURN
      END
```

Aufruf:

```
      PROGRAM MAIN
      INTEGER ZAHL, QUER
      ...
      IF (QUER(ZAHL) .GT. 100) THEN
      ...
      END IF
      ...
      END
```

(3) Logical-Function zur Prüfung, ob ein Punkt (X,Y) im Inneren eines Kreises mit dem Radius R und dem Mittelpunkt (XM,YM) liegt

```
      LOGICAL FUNCTION DRIN(X,Y,XM,YM,R)
      REAL X,Y,XM,YM,R
      DRIN = (X-XM)**2 + (Y-YM)**2 .LT. R*R
      RETURN
      END
```

Wird diese Function nur in einer Programmeinheit benutzt, so hätte sie besser auch als Anweisungsfunktion geschrieben werden können.

Merke: Die entscheidende Anweisung hätte dann wie folgt ausgesehen:

```
DRIN (X,Y,XM,YM,R) = (X-XM)**2+(Y-YM)**2 .LT. R*R
```

(4) Function zum "Umdrehen" eines Strings der Maximallänge 10. Hat der aktuelle Parameter ab einer gewissen Position nur noch blanks (dies wird angenommen, wenn irgendwann zwei aufeinanderfolgende blanks stehen), so sollen diese abgeschnitten werden, bevor umgedreht wird.

```
   CHARACTER*10 FUNCTION UMDREH(CH)
   CHARACTER*10 CH
   INTEGER I,K
   DO 10  K = 1,9
      IF (CH(K:K) .EQ. '□' .AND. CH(K+1:K+1) .EQ. '□')
  +      GO TO 20
10 CONTINUE
   K=11
20 CONTINUE
   DO 30  I = 1,K-1
      UMDREH (K-I:K-I) = CH (I:I)
30 CONTINUE
   RETURN
   END
```

Beim Aufruf liefert z.B. A=UMDREH('TEXT□□□□□□')

das Ergebnis: 'TXET'   in A ab.

(5) Parameterlose Function zum Einlesen eines Wertes in einem festen Format.

```
   INTEGER FUNCTION LIES( )
   READ (5,10) LIES
   RETURN
10 FORMAT (I6)
   END
```

Aufruf: INTEGER WERT, K1, K2, LIES
          ...
          WERT = LIES( )
          K1 = K2*LIES( )
          ...

Es werden die jeweils nächsten 6 Zeichen über Kanal 5 gelesen, als ganze Zahl gedeutet und (im 1. Fall) der Variablen WERT zugewiesen bzw. (im 2. Fall) mit K2 multipliziert und das dadurch gewonnene Ergebnis der Variablen K1 zugewiesen.

Seiteneffekte:

Ein Function-Aufruf soll einen Wert liefern in Abhängigkeit von den aktuellen Parametern. Diese haben daher den Charakter von Eingabeparametern (call-by-value).
Leider erlaubt FORTRAN 77 es auch, daß diese Parameter den Charakter von Ausgabeparametern haben (call-by-reference). Sie treten dann in der Function mindestens einmal links in einer Wertzuweisung auf; die aktuellen Parameter müssen Variablennamen sein.
Diese Möglichkeit sollte *nicht* genutzt werden. Sie kann unbeabsichtigte Nebeneffekte *(Seiteneffekte)* haben (s. Beispiel).
Werden mehrere Ergebnisse gewünscht oder sollen strukturierte Größen als Ergebnisse auftreten, dann ist eine Subroutine zu formulieren.

Beispiel für Seiteneffekte:

```
LOGICAL FUNCTION SEITEF (A,B)
INTEGER A,B
   ...
B=B+1
SEITEF = A .LT. B/10
RETURN
END

PROGRAM H
INTEGER K,L
LOGICAL BL, SEITEF
   ...
L=1
IF (BL .OR. SEITEF (K,L)) THEN
   ...
```

Als Seiteneffekt erhält L den Wert 2 beim Aufruf von SEITEF. Für den Fall, daß BL den Wert .TRUE. hat, wird bei manchen Compilern der zweite Ausdruck in der IF-Abfrage (hier: der Aufruf der Function) gar nicht durchgeführt, da der gesamte logische Ausdruck ohnehin .TRUE. ist. Es gibt aber auch Compiler, bei denen er ausgewertet wird.

Fazit: Es ist gar nicht klar, welchen Wert L nach Abarbeitung der IF-Anweisung hat; sowohl L = 1 als auch L = 2 ist möglich.

6.6 Subroutines

Die erste Anweisung eines externen Unterprogrammes, das eine Subroutine beschreibt, hat folgende Form:

SUBROUTINE subname [([p [,p] ...])]

subname ist der Name der Subroutine; er muß der Konvention für Namen genügen und darf mit keinem anderen globalen Namen (Hauptprogramm, anderes externes Unterprogramm, Block Data-Unterprogramm) übereinstimmen. Innerhalb einer Subroutine dürfen alle FORTRAN 77-Anweisungen auftreten mit Ausnahme von PROGRAM, FUNCTION, SUBROUTINE und BLOCK DATA. subname muß verschieden sein von allen in der Subroutine verwendeten lokalen Namen.

Das physikalische Ende der Subroutine wird durch die END-Anweisung angezeigt. Das logische Ende, bei dessen Erreichen der Rücksprung in die rufende Programmeinheit erfolgt, wird durch die Anweisung

RETURN

bezeichnet. Es können mehrere RETURN-Anweisungen auftreten. Fehlt die RETURN-Anweisung, dann wirkt die END-Anweisung wie eine RETURN-Anweisung.

Im Gegensatz zur Function ist mit dem Namen der Subroutine kein Typ verbunden; der name dient lediglich zur Identifikation der Subroutine, innerhalb der Subroutine tritt er nicht auf (im Gegensatz zur Function, in der der Name wegen der Zuweisung eines Resultates auftreten muß).

Die p sind die *formalen Parameter*, sie werden durch Namen symbolisiert. Der Name eines formalen Parameters darf nicht auftreten in EQUIVALENCE-, PARAMETER-, SAVE-, INTRINSIC-, DATA- und COMMON-Anweisungen.

Die Anzahl der Parameter kann auch Null sein. In diesem Fall entfällt (im Gegensatz zur Function!) auch das Klammerpaar. Der Grund hierfür liegt im gänzlich anderen Aufruf einer Subroutine gegenüber einer Function.

Eine Subroutine wird aufgerufen, wenn in der rufenden Programmeinheit eine Anweisung der folgenden Art steht:

CALL subname [([a [,a] ...])]

Die a sind die *aktuellen Parameter*. Sie müssen in Anzahl, Typ und Reihenfolge mit den formalen Parametern übereinstimmen.

Eine Subroutine wird immer dann verwendet, wenn in einem externen Unterprogramm aus einer Reihe von Eingabegrößen mehrere Resultate ermittelt werden sollen.

Man unterscheidet folgende Parameterarten:

- Eingabeparameter. Die formalen Parameter dieser Art dürfen in der Subroutine *nie* auf der linken Seite einer Wertzuweisung oder in der Liste einer READ-Anweisung stehen.
  Die aktuellen Parameter dieser Art dürfen - soweit es sich nicht um die Namen von Arrays und Unterprogrammen handelt - beliebig komplizierte Ausdrücke sein. Diese werden ausgewertet und ihr Ergebnis überall dort verwendet, wo der Name des entsprechenden formalen Parameters in der Subroutine auftritt (call-by-value).

- Ausgabeparameter. Den Namen dieser Parameter werden innerhalb der Subroutine Werte zugewiesen (per Wertzuweisung oder per READ-Anweisung). Die aktuellen Parameter dieser Art müssen Variable sein (call-by-reference).

- Transients. Die Namen dieser Parameter werden innerhalb der Subroutine mit neuen Werten belegt (call-by-reference). Sie sind gleichzeitig Eingabe- und Ausgabeparameter. Die aktuellen Parameter dieser Art müssen Variable sein.

- Das Zeichen * als formaler Parameter und die Zeichenfolge *m als aktueller Parameter (m ist eine Anweisungsnummer) dienen dazu, "alternative" Rücksprünge anzuzeigen (näheres siehe Abschnitt 6.9).

Für den Fall eines Array- oder eines Unterprgrammnamens als Parameter sowie für spezielle Situationen beim Datentyp Character gelten einige zusätzliche Regeln. Diese sind in Abschnitt 6.7 zusammengefaßt.

Beispiele:

(1) Je zwei Eingabe- und Ausgabeparameter, Umrechnung von Kartesischen Koordinaten x,y in Polarkoordinaten r, φ.

$$r = \sqrt{x^2 + y^2}, \qquad \phi = \arctan y/x$$

```
SUBROUTINE POLAR (X,Y,R,PHI)
REAL X,Y,R,PHI
IF (ABS(X) .LE. 1.0E-12 .AND. ABS(Y) .LE. 1.0E-12) THEN
   R=0.0
   PHI=0.0
ELSE
   R=SQRT (X*X+Y*Y)
   PHI=ATAN2 (Y,X)
END IF
RETURN
END
```

Aufruf:
```
      REAL ABSZIS, ORDINT, RADIUS, WINKEL
     +     X(100), Y(100)
      ...
      READ (5,25) ABSZIS, ORDINT
      ...
      CALL POLAR (2.0*ABSZIS, ORDINT, RADIUS, WINKEL)
      WRITE (6,35) RADIUS, WINKEL
      ...
      DO 85 I=1,50
         CALL POLAR (X(I), Y(I), X(I+50), Y(I+50))
   85 CONTINUE
```

Für jeden formalen Parameter, der eine einfache Größe eines Typs bezeichnet, darf als aktueller Parameter ein Arrayelement stehen. Hier werden 50 Wertepaare (X(1), Y(1) bis X(50), Y(50)) umgerechnet. Die Ergebnisse stehen in den Positionen 51 bis 100 der Arrays X und Y.

(2) Arraynamen als Parameter, Summe von Vektoren der Länge N.

```
      SUBROUTINE VEKADD (N,A,B,C,FAIL)
      INTEGER N
      LOGICAL FAIL
      REAL A(100), B(100), C(100)
      INTEGER I
      IF (N .GT. 100) THEN
        FAIL= .TRUE.
      ELSE
        FAIL=.FALSE.
        DO 500 I=1,N
           C(I)=A(I)+B(I)
  500 CONTINUE
      END IF
      RETURN
      END
```

Aufruf:
```
      REAL X(100), Y(100), Z(100), U, V, W
      INTEGER K,L
      LOGICAL KRIT
      PARAMETER (K=65, L=100)
      DIMENSION U(L), V(L), W(L)
      ...
      CALL VEKADD (K,X,Y,Z,KRIT)
      IF (KRIT) THEN
      ...
      CALL VEKADD (90,U,V,W,KRIT)
      IF (KRIT) THEN
      ...
```

Diese Version ist *nicht* elegant wegen der starren Festlegung auf Vektoren der Maximallänge 100 in der Subroutine. Eine bessere Möglichkeit wird in Abschnitt 6.7 gezeigt.

(3) Parameterlose Subroutine

```
      SUBROUTINE UEBER
      WRITE (*,100)
      RETURN
100   FORMAT ('1FORTRAN□77□-□STAENDIG□IM□GRIFF')
      END
```

Bei CALL UEBER wird der in der FORMAT-Anweisung angegebene Text mit vorherigem Seitenvorschub auf dem Standard-Ausgabegerät produziert.

(4) Parameter der Art Transient. Sortieren von K Zahlen eines Real-Arrays der Größe nach aufsteigend. Das Sortieren wird "auf dem Platz" durchgeführt. Nach Durchlaufen der Subroutine enthält das Eingabe-Array die sortierten Zahlen.
Hier wird bereits von der Möglichkeit einer variablen oberen Grenze des Arrays Gebrauch gemacht.

```
      SUBROUTINE ORDNEN (K,A)
      INTEGER K
      REAL A(K)
      INTEGER I,J
      REAL HILF
      DO 200 I=1,K-1
         DO 100 J=I+1,K
            IF (A(I) .GT. A(J)) THEN
               HILF=A(I)
               A(I)=A(J)
               A(J)=HILF
            END IF
100      CONTINUE
200   CONTINUE
      RETURN
      END
```

Aufruf:
```
      INTEGER G1,G2
      PARAMETER (G1=50, G2=150)
      REAL FELD(G1), ZAHLEN(G2)
      ...
      CALL ORDNEN (G1, FELD)
      CALL ORDNEN (G2/2, ZAHLEN)
```

Im zweiten Aufruf werden nur die ersten 75 Werte des Arrays ZAHLEN sortiert.

6.7 Besonderheiten bei Arrays, Character-Größen und Unterprogrammen als Parametern (die Anweisungen EXTERNAL und INTRINSIC)

Alle folgenden Überlegungen gelten gleichermaßen für Functions und Subroutines.

Arrays als Parameter

Werden Arrays als Parameter übergeben, so darf die *obere* Grenze der *letzten* Dimension variabel sein.
Am einfachsten ist dies bei eindimensionalen Arrays mit der festen Untergrenze 1 (also i.a. ohne explizite Angabe einer Untergrenze).
Es gibt zwei Möglichkeiten der Formulierung einer Function oder Subroutine

(1) Die Obergrenze (d.h. in diesem Fall die Anzahl der Elemente) wird bei der Deklaration des Arrays im Unterprogramm in runden Klammern als Integer-*Variable* angegeben.
Dann *muß* diese Variable in der Liste der formalen Parameter auftreten. Die tatsächliche Anzahl der Elemente ergibt sich dann aus dem entsprechenden aktuellen Parameter.

(2) Die Variabilität der Obergrenze wird durch das Zeichen * angedeutet. Die tatsächliche Anzahl der Elemente ergibt sich dann durch die Größenordnung der aktuellen Arrayparameter.

Beispiel: Function zur Bildung des inneren Produktes zweier Vektoren in doppelter Genauigkeit

(1)
```
DOUBLE PRECISION FUNCTION  INPRO1 (N,A,B)
REAL A(N), B(N)
...
```

(2)
```
DOUBLE PRECISION FUNCTION INPRO2 (A,B)
REAL A(*), B(*)
```

Aufrufe:
```
INTEGER K,L
DOUBLE PRECISION D1, D2, INPRO1, INPRO2
PARAMETER (K=20, L=30)
REAL X(K), Y(K), U(L), V(L)
...
D1=INPRO1 (K,X,Y)
D2=INPRO2 (U,V)
...
```

In allen anderen Fällen (untere Grenze ungleich 1, Zahl der Dimension größer als 1) ist im Grunde *keine* weitere Variabilität möglich als die der Obergrenze in der letzten Dimension.

Beispiele:

(1) Untere Grenze ≠ 1

```
REAL A(-10:10)
   ...
CALL SUB(4,A)
   ...
END

SUBROUTINE SUB(K,B)
INTEGER K,I
REAL B(-K:K)
DO 20 I=-K,K
   B(I)=1.0
20 CONTINUE
RETURN
END
```

Bei Aufruf von SUB werden *nicht* die Elemente A(-4),...,A(4) mit dem Wert 1.0 belegt, sondern die ersten 9 Elemente des Arrays A, nämlich A(-10), A(-9), ... , A(-2).
Will man wirklich A(-4), ... , A(4) mit 1.0 belegen, so muß man wie folgt formulieren:

```
REAL A(-10:10)
INTEGER NMIN
PARAMETER (NMIN=-10)
   ...
CALL SUB(NMIN,4,A)
   ...
END

SUBROUTINE SUB(KMIN,K,B)
INTEGER KMIN,K,I
REAL B(KMIN:K)
DO 20 I=-K,K
   B(I)=1.0
20 CONTINUE
RETURN
END
```

Man beachte, daß die untere Grenze KMIN von B jetzt eine Konstante ist, allerdings eine benannte Konstante, was mögliche nachträgliche Änderungen nur in der PARAMETER-Anweisung erfordert.

(2) Dimension größer als 1

Gegeben sei ein zweidimensionales Array mit 10 x 10 Elementen. Die Elemente der "linken oberen Ecke" bestehend aus 4 x 4 Elementen sollen auf 0.0 gesetzt werden.

Folgende Konstruktion ist *falsch*:

```
...
REAL A(10,10)
..
CALL SUB(4,A)
...
END

      SUBROUTINE SUB(N,B)
      INTEGER N,I,J
      REAL B(N,N)
      DO 20 I =1,N
         DO 10 J=1,N
            B(I,J)=0.0
10       CONTINUE
20    CONTINUE
      RETURN
      END
```

Bearbeitet werden hierdurch nur die ersten 16 Elemente von A, dieses sind keineswegs die der "linken oberen Ecke", sondern wegen der spaltenweise angeordneten Abspeicherung die Elemente A(1,1), A(2,1),...,A(10,1), A(1,2), A(2,2),...,A(6,2).
Die beabsichtigte Wirkung erzielt man nur durch Angabe des Maximalwertes für die erste Dimension. Tatsächlich hat man für B insgesamt 10 x 4 = 40 Elemente bereitzustellen.

```
...
INTEGER NMAX
PARAMETER (NMAX=10)
REAL A(NMAX, NMAX)
..
CALL SUB(NMAX,4,A)
...
END

      SUBROUTINE SUB(NMAX,N,B)
      INTEGER NMAX,N,I,J
      REAL B(NMAX,N)
      DO 20 I=1,N
         ...   wie vorher
      END
```

Aufgrund der eingangs gemachten Bemerkungen wäre auch möglich:

```
SUBROUTINE (NMAX,B)
INTEGER NMAX,I,J
REAL B(NMAX,*)
   ...
```

Treffen beide Situationen zusammen (von 1 verschiedene Untergrenze und Mehrdimensionalität), dann sind z.B. folgende Formen zulässig:

```
SUBROUTINE SR (NMIN1,NMIN2,NMIN3,NMAX1,NMAX2,
+              NMAX3,N,K,A,B,C,D)
 INTEGER   NMIN1,NMIN2,NMIN3,NMAX1,NMAX2,NMAX3,N,K
 REAL A(NMIN1:NMAX1,*), B(NMIN1:N),
+      C(-NMAX1:0,-NMAX2:NMAX2,NMIN2:*),
+      D(-NMAX3:NMAX3,NMIN3:K)
```

"Echte" Variable sind nur N und K.

Benötigt man ein Hilfsarray, das nur lokal im Unterprogramm auftritt und sollen dessen Grenzen im Rahmen der in FORTRAN bestehenden Möglichkeiten variabel sein, dann *muß* dieses Array in der Parameterliste stehen (obwohl es weder den Charakter eines Eingabe- noch den eines Ausgabeparameters hat).

Beispiel: Bilden der k-ten Potenz einer quadratischen Matrix A durch fortgesetzte Multiplikation. Es wird eine Hilfsmatrix H wie folgt benötigt:

```
  H ← A                 Umspeichern
  DO m I=2,K
    B ← A*H             Matrizenmultiplikation
    H ← B               Umspeichern
m CONTINUE
```

Als Subroutine formuliert:

```
SUBROUTINE POTENZ (NMAX,N,K,A,B,H)
INTEGER NMAX,N,K
REAL A(NMAX,N), B(NMAX,N), H(NMAX,N)
```

Eingabeparameter ist u.a. die Matrix A, Ausgabeparameter die k-te Potenz B. Obwohl H außerhalb der Subroutine überhaupt nicht benötigt wird, muß es in der Parameterliste "mitgeschleppt" werden. Dieser Zwang ist eine ganz große Schwäche von FORTRAN, da er zur unnötigen Verkomplizierung der Schnittstellen zwischen einzelnen Programmeinheiten führt.

Ist ein formaler Parameter ein Array, so kann der zugehörige aktuelle Parameter auch ein Array*element* sein. Es wird dann nicht die Anfangsadresse des Arrays (sein erstes Element), sondern die Adresse des angegebenen Arrayelements übergeben.

Beispiel:

```
      SUBROUTINE NULL(N,A)
      INTEGER N,I
      REAL A(N)
      DO 100 I=1,N
         A(I)=0.0
  100 CONTINUE
      RETURN
      END

      PROGRAM RUF
      REAL X(200)
      ...
      CALL NULL(40,X(101))
      ...
```

Es werden die Elemente X(101), X(102),..., X(140) auf 0.0 gesetzt.

Der Datentyp Character als Parameter

Tritt ein formaler Parameter vom Datentyp Character in einem Unterprogramm auf, so ist es sehr zweckmäßig, für diesen die Längenangabe (*) zu wählen. Die tatsächliche Länge ergibt sich dann beim Aufruf aus der Länge des aktuellen Parameters. Ein formaler Parameter vom Typ Character mit der Längenangabe (*) darf *nicht* in einem Ausdruck unter Verwendung des Operators // auftreten. In einer Anweisungfunktion darf kein formaler Parameter des Typs Character mit der Längenangabe (*) auftreten.

Bei Functions mit dem Ergebnistyp Character ist es wegen der Flexibilität ebenfalls sinnvoll, den Ergebnistyp als CHARACTER*(*) festzulegen. Die tatsächliche Länge ergibt sich durch die in der Deklaration des Function-Namens festgelegte Länge in der rufenden Programmeinheit.

Beispiel für beide genannten Möglichkeiten:
Heraussuchen aller großen Buchstaben aus einem String beliebiger Länge und Abspeichern dieses Teilstrings im Ergebnis.

```
      CHARACTER*(*) FUNCTION GROBU(TEXT)
      CHARACTER*(*) TEXT
      INTEGER I,J
      J=1
```

```
      DO 10 I=1,LEN(TEXT)
         IF (TEXT(I:I) .GE. 'A' .AND. TEXT(I:I) .LE. 'Z') THEN
            GROBU(J:J)=TEXT(I:I)
            J=J+1
         END IF
   10 CONTINUE
      RETURN
      END
```

Aufruf:

```
      ...
      INTEGER N,M
      PARAMETER (N=..., M=...)
      CHARACTER*(N) A, B*(M)
      ...
      B=GROBU(A)
      ...
```

In der Parameter-Anweisung werden durch M und N die tatsächlichen Längen festgelegt; dabei muß $M \leq N$ sein.

Unterprogramme als Parameter

Unter den Parametern eines Unterprgrammes können Namen auftreten, die ihrerseits wieder ein Unterprogramm bezeichnen. In der aufrufenden Programmeinheit müssen zusätzliche Informationen im Deklarationsteil angegeben werden, aus denen hervorgeht, welche aktuellen Parameter von nachfolgenden Unterprogrammaufrufen selbst wieder die Namen von Unterprogrammen sind. Dies geschieht in FORTRAN 77 durch folgende Anweisungen:

EXTERNAL proc [,proc] ...
INTRINSIC fun [,fun] ...

In der Liste hinter EXTERNAL steht jedes proc für den Namen eines externen Unterprogramms (Function oder Subroutine). Der Name einer Anweisungsfunktion darf nicht in einer EXTERNAL-Anweisung stehen.
In der Liste hinter INTRINSIC steht jedes fun für den Namen einer eingebauten Funktion. Zusätzlich kann diese Anweisung dazu dienen, einen Namen als den einer eingebauten Funktion festzulegen. Damit schützt sich der Programmierer gegen unbeabsichtigtes Umdefinieren eines Namens (falls z.B. ein zweidimensionales Array namens MOD deklariert wird).
Ein Name kann nur einmal in einer EXTERNAL- oder einer INTRINSIC-Anweisung auftreten.

Folgende Namen von eingebauten Funktionen dürfen *nicht* als aktuelle Parameter von Unterprogrammaufrufen verwendet werden:

INT, IFIX, IDINT, FLOAT, SNGL, REAL, DBLE, CMPLX,
ICHAR, CHAR, LGE, LGT, LLE, LLT,
MAX, MAXO, AMAX1, DMAX1, AMAXO, MAX1, MIN, MINO, AMIN1,
DMIN1, AMINO, MIN1

Wird der Name einer eingebauten Funktion in einer EXTERNAL-Anweisung aufgeführt (statt in einer INTRINSIC-Anweisung), so ist die eingebaute Funktion dieses Namens in der betreffenden Programmeinheit nicht mehr verfügbar, da angenommen wird, daß es sich bei diesem Namen um eine externe Prozedur handelt.

Beispiele

(1) Numerische Integration mit Hilfe der Trapezregel. Auswertung von:

$$\int_0^{\frac{\pi}{2}} \sin x \, dx \quad und \quad \int_0^1 e^{-x^2} dx$$

```
      REAL FUNCTION TRAPEZ (A,B,N,F)
      REAL A,B,F
      INTEGER N
      REAL H,S
      INTEGER I
      H=(B-A)/N
      S=F(A)+F(B)
      DO 10 I=1,N-1
         S=S+2.0*F(A+I*H)
   10 CONTINUE
      TRAPEZ=S*H/2.0
      RETURN
      END

      REAL FUNCTION G(X)
      REAL X
      G=EXP(-X*X)
      RETURN
      END

      PROGRAM NUMINT
      INTEGER N
      REAL TRAPEZ, G, PIHALB
C-----SIN MUSS ALS EINGEBAUTE FUNKTION NICHT DEKLARIERT
C-----WERDEN
      INTRINSIC SIN
      EXTERNAL G
```

```
    READ(*,10) N
    PIHALB=2.0*ATAN(1.0)
    WRITE(*,20) N, TRAPEZ(0.0,PIHALB,N,SIN),
   +                TRAPEZ(0.0,1.0,N,G)
    STOP
 10 FORMAT (...)
 20 FORMAT (...)
    END
```

(2) Subroutine als Parameter eines Unterprogrammes (hier einer Subroutine):

```
PROGRAM P
REAL X
EXTERNAL SUB1
   ...
CALL SUB(X,SUB1)
   ...
END

SUBROUTINE SUB(Z,S)
REAL Z
LOGICAL BL
   ...
CALL S(BL)
   ...
END

SUBROUTINE SUB1(L)
LOGICAL L
   ...
END
```

* 6.8 Die ENTRY-Anweisung

Bei Aufruf einer Function oder Subroutine werden deren ausführbare Anweisungen beginnend bei der ersten abgearbeitet.
Die ENTRY-Anweisung gestattet alternative Einsprünge in ein Unterprogramm, es wird mit der ersten auf sie folgenden Anweisung begonnen.
Allgemeine Form:

ENTRY entry-name [([p [,p] ...])]

entry-name ist der Name des Einsprunges; er ist global und darf nicht mit den Namen anderen externer Unterprogramme, anderer Entries oder dem Namen des Hauptprogrammes übereinstimmen.
Die p sind die formalen Parameter, ihre Anzahl kann Null sein, wobei dann im Falle eines Function-Entries die runden Klammern zu setzen sind, im Falle eines Subroutine-Entries nicht. Ein Entry in

einer Function wird wie eine Function, ein Entry in einer Subroutine wird wie eine Subroutine (d.h. mittels CALL) aufgerufen. Ein Entry kann von jeder Programmeinheit aus aufgerufen werden, außer von der, innerhalb derer er definiert wurde. Anzahl, Typ und Reihenfolge der Parameter eines Entries können durchaus abweichen von denen anderer Entries im selben Unterprogramm oder von denen des Unterprogramms selbst.

Einschränkungen:

- Ein Entry-Name darf nicht in einer EXTERNAL-Anweisung stehen.
- Ein Entry-Name darf nicht als formaler Parameter des Unterprogrammes oder eines anderen Entries in diesem auftreten.
- Ein Entry-Name in einer Function darf nicht vor der ENTRY-Anweisung auftreten, außer in einer Typ-Deklaration.
- Ist in einer Function ein Entry-Name vom Typ Character, so müssen alle anderen Entries und die Function selbst auch vom Typ Character sein. Entweder müssen sie alle die gleiche Längenangabe haben oder für alle muß die Längenangabe (*) stehen.
- Ein Name, der als formaler Parameter in einer ENTRY-Anweisung steht, darf nur dann in einer ausführbaren Anweisung *vor* der ENTRY-Anweisung stehen, wenn er gleichzeitig als formaler Parameter einer vorangegangenen ENTRY-, FUNCTION- oder SUBROUTINE-Anweisung steht.

  In der Anweisung einer Anweisungsfunktion darf ein derartiger Name nur stehen, wenn Vorstehendes gilt und der Name gleichzeitig formaler Parameter der Anweisungsfunktion ist.
- Die ENTRY-Anweisung darf *nicht* zwischen IF und END IF und *nicht* zwischen DO und der die DO-Schleife abschließenden Anweisung stehen.

Beispiele:

(1) Entry in einer Function

```
DOUBLE PRECISIOBN FUNCTION VOLZYL(R,H)
DOUBLE PRECISION R,H,OBZYL,DPI
PARAMETER (DPI=3.141592653589793238464D0)
VOLZYL=DPI*R*R*H
RETURN
ENTRY OBZYL(R,H)
OBZYL=2.0D0*DPI*R*(R+H)
RETURN
END
```

Aufrufe:
```
      ...
      DOUBLE PRECISION OBZYL, VOLZYL, RADIUS, HOEHE
      ...
      READ (*, 90) RADIUS, HOEHE
      WRITE(*,100) VOLZYL(RADIUS, HOEHE),
     +             OBZYL(RADIUS, HOEHE)
```

Deklarationen und Parameter-Anweisung müssen nur einmal aufgeführt werden, da sie für die gesamte Function gelten.

(2) Entry in einer Subroutine

```
SUBROUTINE STERN(STRING, NEUSTR, LANG)
CHARACTER STRING*10, NEUSTR*14, UNBEK*2, LANG*16
NEUSTR='**'//STRING//'**'
LANG='**'//'□'//STRING//'□'//'**'
RETURN
ENTRY ALLE(STRING, NEUSTR, LANG, UNBEK)
NEUSTR= UNBEK//STRING//UNBEK
LANG=UNBEK//'□'//STRING//'□'//UNBEK
RETURN
END
```

Aufrufe:
```
            ...
      CHARACTER*10 T1,T2,T3*14,T4*14,T5*16,T6*16
            ...
      CALL STERN (T1,T3,T5)
      CALL ALLE (T2,T4,T6,'--')
            ...
```

Der Entry hat hier eine andere Anzahl von Parametern als die Subroutine. Eine Formulierung als Function kam nicht in Frage, da zwei Ausgabeparameter vorhanden sind.

* 6.9 Alternative Rücksprünge aus Subroutines

Der Normalfall beim Aufruf einer Subroutine ist der folgende:

Wird in einer Subroutine eine RETURN-Anweisung angetroffen, so erfolgt ein Rücksprung in die rufende Programmeinheit und es wird dort mit der Anweisung fortgefahren, die unmittelbar auf diejenige CALL-Anweisung folgt, welche den Aufruf der Subroutine bewirkte.

Es besteht zusätzlich die Möglichkeit, an verschiedene weitere Stellen der rufenden Programmeinheit zurückzuspringen.

Dazu muß eine SUBROUTINE-Anweisung oder eine ENTRY-Anweisung in einer Subroutine auch solche formalen Parameter enthalten, die nicht durch einen Namen, sondern durch das Zeichen * bezeichnet werden.

Beispiel: SUBROUTINE ALTRET (A,B,C,*,*)
...
ENTRY ENALT (X,Y,*,*,*)

s sei die Anzahl von Parametern der Art * in der Parameterliste. Statt RETURN stehen in der Subroutine dann Anweisungen der Art RETURNn, wobei n ein Integer-Ausdruck ist, der der Bedingung $1 \leq n \leq s$ genügen muß.

Bei Aufruf einer derartigen Subroutine bzw. eines Entries müssen anstelle der formalen Parameter * aktuelle Parameter der Form *m stehen, wobei m die Marke einer ausführbaren Anweisung in der rufenden Programmeinheit ist.

Wird die Bedingung $1 \leq n \leq s$ verletzt, so wirkt dies wie das normale RETURN. Neben RETURNn-Anweisungen dürfen auch RETURN-Anweisungen in der Subroutine stehen.

Beispiel: SUBROUTINE ALTRET(A,B,C,*,*)
```
      ...
      IF (A .LT. B) RETURN1
      ...
      IF (B .GT. C) RETURN2
      ...
      RETURN
      END
```

Aufruf:
```
      ...
      CALL ALTRET(X1,X2,X3,*50,*100)
      WRITE(*,999) X3
      ...
   50 WRITE(*,999) X1
      ...
  100 WRITE(*,999) X2
      ...
```

6.10 Die COMMON-Anweisung

Die Common-Anweisung dient dazu, Variable (auch Arrays), die lokal in einer Programmeinheit erklärt wurden, global zu machen. Variablen in verschiedenen Programmeinheiten kann so der gleiche Speicherplatz zugeordnet werden. Mit der Technik der COMMON-Anweisung lassen sich auf diese Weise Größen von einer in eine andere Programmeinheit übergeben, ohne daß eine Parameterliste verwendet wird bzw. unter Verwendung einer reduzierten Parameterliste.

Allgemeine Form:

COMMON [/ [cb] /] liste [[,] / [cb] / liste] ...

cb ist der Name eines "common-blocks". Er ist global und darf mit anderen Namen in der gleichen Programmeinheit übereinstimmen (außer dem Namen einer benannten Konstanten, einer eingebauten Funktion, einem Namen einer externen Funktion).
liste ist eine Liste von Variablennamen oder Arraynamen. Jeder Name darf in der Liste höchstens einmal auftreten. Namen von formalen Parametern eines Unterprogrammes dürfen in der Liste *nicht* auftreten.
Ein Array kann in einer COMMON-Anweisung auch dimensioniert werden (nach einer Typen-Deklaration).

Beispiel:

```
    PROGRAM P
    INTEGER I,J,K,F
    REAL A(0:10,20), B, C, WERT
    DOUBLE PRECISION D1,D2,D3
    LOGICAL LOG1, LOG2, BOOLE
    COMPLEX Z,ZETA(2)
    CHARACTER*4 CH1,CH2(10),CH3*8
    COMMON /BLOCK1/ I,K,F(-10:10) /BLOCK2/ LOG1,BOOLE(10),
   +        /ZAHL/ A,Z(10),ZETA
    COMMON /DOPPEL/ D1(20),D2 /CH/ CH1,CH3,CH2
    ...
    SUBROUTINE S(K,X,Y,Z)
    INTEGER K
    REAL X,Y(10)
    COMPLEX Z
    INTEGER INTG,M(10)
    LOGICAL FRAGEN(0:10)
    REAL WERTE,VEK(20)
    COMPLEX ERGB,C
    DOUBLE PRECISION D,DP(0:10)
    CHARACTER*16 SCH1,SCH2(9)*4
```

```
      COMMON /ZAHL/ WERTE(200),VEK,ERGB(11),C
     +       /DOPPEL/ D(10),DP
     +       /BLOCK2/ FRAGEN
      COMMON /BLOCK1/ INTG(13),M /CH/ SCH1,SCH2
```

Gleiche Speicherplätze belegen jeweils (korrespondierende Elemente stehen untereinander)

In BLOCK1

lokal in P	I	K	F(-10)	...	F(0)	F(1)	...	F(10)
lokal in S	INTG(1)	INTG(2)	INTG(3)	...	INTG(13)	M(1)	...	M(10)

In BLOCK2

lokal in P	LOG1	BOOLE(1)	...	BOOLE(10)
lokal in S	FRAGEN(0)	FRAGEN(1)	...	FRAGEN(10)

In ZAHL

lokal in P	A(0,1)	...	A(1,19)	A(2,19)	...	A(10,20)
lokal in S	WERTE(1)	...	WERTE(200)	VEK(1)	...	VEK(20)

Z(1)	...	Z(10)	ZETA(1)	ZETA(2)
ERGB(1)	...	ERGB(10)	ERGB(11)	C

In DOPPEL

lokal in P	D1(1)	...	D1(10)	D1(11)	...	D1(20)	D2
lokal in S	D(1)	...	D(10)	DP(0)	...	DP(9)	DP(10)

In CH

lokal in P	CH1	CH3	CH2(1)	CH2(2)	...	CH2(10)
lokal in S	SCH1		SCH2(1)		...	SCH2(9)
	← 16 Zeichen →		← 4 Zeichen →			← 4 Zeichen →

Die *Länge* eines Common-Blocks für arithmetische und logische Größen ergibt sich durch Addition der benötigten Speichereinheiten (Worte). Dabei ist zu bedenken:

- Größen der Typen Integer, Real und Logical belegen je 1 Wort

- Größen der Typen Double Precision und Complex belegen je 2 Worte.

Das heißt: Länge von BLOCK 1:   23 Worte
              Länge von BLOCK 2:   11 Worte
              Länge von ZAHL: 220 Worte + 2*12 Worte
                                     = 244 Worte
              Länge von DOPPEL: 2*21 Worte = 42 Worte

Die *Länge* eines Common-Blocks für Character-Größen läßt sich sinnvollerweise nur in Zeichen (Bytes) angeben.

    Die Länge von CH beträgt: 16 Zeichen + 9*4 Zeichen
                                        = 52 Zeichen

Wegen der unterschiedlichen Abspeicherungsphilosophie dürfen Variable und Arrays vom Typ Character *nicht* gemischt mit anderen Typen in einem Common-Block auftreten, d.h.: es gibt reine "Character-Common-Blöcke" (hier:CH).
Innerhalb eines Programmes muß ein Common-Block in den verschiedenen Programmeinheiten, in denen er auftritt, stets die *gleiche* Länge haben. Dies gilt nur für Common-Blöcke, die - wie oben - einen Namen haben (benannte Common-Blöcke).
Fehlt beim ersten Common-Block der Name und - wahlweise - auch die beiden Schrägstriche oder steht bei einem weiteren Common-Block nur // (ohne Namen), dann handelt es sich um den sog. unbenannten Common-Block (*blank common*).
Der blank common darf in verschiedenen Programmeinheiten von unterschiedlicher Länge sein.
Die Elemente eines Common-Blocks (benannt oder blank) müssen *nicht* fortlaufend hingeschrieben werden.

Beispiel: `COMMON A,B(10),C /DAT1/ X,Y,Z /DAT2/ U,V(0:5),W`
     +   `/DAT1/ P(10) // D,E(7) /DAT2/ Q`

der benannte Common-Block DAT1 enthält: X,Y,Z,P(10)
der benannte Common-Block DAT2 enthält: U,V(0:5),W,Q
der blank common enthält: A,B(10),C,D,E(7)

Folgendes ist zu beachten:

(a) Die Größen eines benannten Common-Blocks in einem Unterprogramm werden bei Verlassen des Unterprogramms undefiniert, es sei denn, daß die rufende Einheit den gleichen Common-Block enthält oder daß der Common-Block in einer SAVE-Anweisung auftritt. Da vom Hauptprogramm alle Unterprogramme direkt oder indirekt aufgerufen werden, bleiben die Größen eines benannten Common-Blockes stets definiert, wenn dieser im Hauptprogramm auch erklärt ist.
Größen im blank common bleiben stets definiert.

(b) Größen in einem benannten Common-Block können immer in einem Block Data-Unterprogramm initialisiert werden. Größen im blank common können auf diese Weise nicht initialisiert werden.

Obwohl im Prinzip möglich, sollten Größen unterschiedlichen Typs *nicht* im gleichen Common-Block auftreten (wie hier in ZAHL geschehen). Besteht nicht völlige "Deckungsgleichheit" wie in ZAHL, dann sind auf unterschiedlichen Rechnern i.a. völlig unterschiedliche Effekte zu erwarten.

Beispiel:
```
PROGRAM A
INTEGER I
REAL X
DOUBLE PRECISION D
COMMON /BL/ I,D,X
...
SUBROUTINE B
REAL Y,Z1,Z2
LOGICAL L
COMMON /BL/ Y,Z1,Z2,L
...
```

Die Länge von BL beträgt 4 Worte. Wird D in A mit einem Wert belegt, was liefert dann Z2 für eine Real-Zahl?

Um derartigen Effekten aus dem Wege zu gehen, sollte man prinzipiell in einem Block nur Größen ein und desselben Typs verwenden.

Anwendungen:

Informationsaustausch zwischen Programmeinheiten sollte über Parameter erfolgen.

In Common-Blöcken stehen zweckmäßigerweise:

- Hilfsarrays, die dann von verschiedenen Programmeinheiten als lokale (allerdings nicht mehr variabel dimensionierbare) lokale Arbeitsspeicher benutzt werden. Damit werden die Schnittstellen zwischen den Programmeinheiten (die Parameterlisten) vom "Ballast" befreit.

- gewisse, ihrer Natur nach globale Größen, wie Kanalnummern, Maschinenkonstanten bzgl. der Arithmetik, gewisse Verfahrenskonstanten (z.B. maximal durchzuführende Anzahl von Iterationsschritten, minimale Schrittweite bei numerischer Integration oder Lösung von Differentialgleichungen). Diese Größen sollten in allen Programmeinheiten aus Übersichtsgründen die gleichen Namen tragen. Initialisiert werden sie z.B. in einem Block Data- Unterprogramm.

Beispiel:
```
PROGRAM  TUWAS
   INTEGER  NIN,NOUT,NERR,MAXITR
   REAL  EPSMCH,SUNFLO,SOVFLO,STEPSZ
   DOUBLE PRECISION  DEPSMC,DUNFLO,DOVFLO
   COMMON /CHANNL/ NIN,NOUT,NERR
   COMMON /LIMITS/ STEPSZ,MAXITR
   COMMON /SGLEAR/ EPSMCH,SUNFLO,SOVFLO
   COMMON /DBLEAR/ DEPSMC,DUNFLO,DOVFLO
```

6.11 Block Data-Unterprogramme

Sollen Größen in benannten Common-Blöcken mittels DATA initialisiert werden, so kann dies *nicht* in einer der Programmeinheiten geschehen, in denen der Common-Block steht. Es sind vielmehr eines oder mehrere eigenständige Unterprogramme zu schreiben. Diese Art von Unterprogrammen zeichnet sich durch folgende Eigenschaften aus:

(1) Sie enthalten nur *nicht-ausführbare* Anweisungen wie Typen-Deklarationen, ggf. PARAMETER-Anweisungen und stets DATA- und COMMON-Anweisungen.

(2) Diese Unterprogramme werden *nie* aufgerufen. Sie werden in der Phase des Bindens an das Programm angebunden; die durch die DATA-Anweisungen bewirkten Initialisierungen der Größen in Common-Blöcken werden *vor* dem Start des Programms durchgeführt.

Die erste Anweisung eines Block Data-Unterprogrammes lautet:

BLOCK DATA [bldat]

bldat ist der Name des Block Data-Unterprogrammes; er kann entfallen. Es dürfen in einem Programm mehrere Block Data-Unterprogramme auftreten, aber höchstens eines von ihnen darf namenlos sein. Der Name bldat darf mit keinem Namen einer Function, Subroutine, des Hauptprogrammes oder eines anderen Block Data-Unterprogrammes übereinstimmen. Die letzte Anweisung muß eine END-Anweisung sein.

Zu beachten ist:

(a) Es dürfen nur benannte Common-Blöcke auftreten.

(b) Wird eine Größe eines Common-Blockes initialisiert, so müssen alle Größen des Common-Blockes in der COMMON-Anweisung auftreten, auch dann, wenn sie teilweise nicht mit Anfangswerten belegt werden.

(c) Derselbe Common-Block darf *nicht* in zwei verschiedenen Block Data-Unterprogrammen desselben Programms aufttreten.

Anwendungen

Siehe COMMON-Anweisung. Gewisse, ihrer Natur nach globale Größen werden zentral initialisiert. Bei Änderung dieser Größen muß nur an einer einzigen Stelle geändert werden.

Beispiel:
```
      BLOCK DATA
      INTEGER  NIN,NOUT,NERR,MAXITR
      REAL   EPSMCH,SUNFLO,SOVFLO,STEPSZ
      DOUBLE PRECISION DEPSMC,DUNFLO,DOVFLO
      COMMON /CHANNL/ NIN,NOUT,NERR
      COMMON /LIMITS/ STEPSZ,MAXITR
      COMMON /SGLEAR/ EPSMCH,SUNFLO,SOVFLO
      COMMON /DBLEAR/ DEPSMC,DUNFLO,DOVFLO
      DATA  NIN,NOUT,NERR /5,6,99/
      DATA  STEPSZ,MAXITR /1.0E-5,1000/
      DATA   EPSMCH, SUNFLO ,SOVFLO
     +   /2.3E-7 ,1.45E-39,1.7E38/
      DATA   DEPSMC,  DUNFLO ,DOVFLO
     +   /4.13E-16,2.59E-309,8.98E307/
C-----ARITHMETISCHE GROESSEN GEMAESS IEEE-STANDARD
      END
```

6.12 Die SAVE-Anweisung

Die SAVE-Anweisung dient dazu, den definierten Wert einer lokalen Größe in einem Unterprogramm auch nach Rücksprung in die rufende Programmeinheit zu erhalten (normalerweise sind alle lokalen Größen nach Rücksprung undefiniert). Der alte Wert steht dann bei einem erneuten Aufruf wieder zur Vefügung.

Die allgemeine Form lautet:

SAVE [a [,a] ...]

Die Anweisung ist nicht-ausführbar, sie muß vor allen ausführbaren Anweisungen stehen.
Jedes a kann sein:

- Name eines benannten Common-Blocks inklusive der beiden Schrägstriche
- Name einer Variablen
- Name eines Arrays

Jeder Name darf nur einmal auftreten. Steht der Name eines Common-Blocks, so werden *alle* seine Elemente "gerettet". Steht nur SAVE (ohne Angaben über die a), so werden *alle* lokalen Größen "gerettet".
Verboten sind für die a: Namen formaler Parameter, Namen von Unterprogrammen und Namen von Variablen und Arrays, die ihrerseits in einem Common-Block stehen.
Steht der Name eines Common-Blocks in einer SAVE-Anweisung, so muß sein Name in allen Programmeinheiten, in denen er auftritt, in einer SAVE-Anweisung stehen. Steht der Name des Common-Blocks im Hauptprogramm, so kann die SAVE-Anweisung für diesen Common-Block entfallen, da dann ohnehin alle seine Elemente definiert bleiben. Eine SAVE-Anweisung im Hauptprogramm ist ohne Wirkung.

Beispiel:
```
SUBROUTINE SUBRT(J,X,Y)
   INTEGER J
   REAL  X,Y
   REAL  Z(100),FELD,D(20)
   INTEGER POSITN
   LOGICAL L1,L2,L3
   COMMON /BER1/ Z,L1,L2 /BER2/ FELD(100)
   SAVE /BER1/ ,POSITN,L3,D
```

*6.13 Die PAUSE-Anweisung

Aus historischen Gründen gibt es die ausführbare Anweisung

PAUSE [n]

wobei n eine Character-Konstante oder eine ganze vorzeichenlose Zahl aus bis zu 5 Ziffern ist.
Bei Erreichen dieser Anweisung (sie kann in jeder beliebigen Programmeinheit außer Block Data stehen) hält das Programm an und kann nur durch Operateureingriff wieder gestartet werden.
Diese Anweisung ist heute höchstens noch bei Mikrorechner-Einzelplatzsystemen in gewissen Situationen zweckmäßig. Bei Mehrplatzsystemen und Großrechnersystemen ist sie sinnlos.

7. Ein- und Ausgabe

7.1 Dateien

Informationen auf einem Rechnersystem werden in Dateien (files) gehalten. FORTRAN 77 enthält Anweisungen, um in Dateien zu schreiben, von Dateien zu lesen und Dateien zu manipulieren (siehe Abschnitte 7.2, 7.6 und 7.7). Dateien werden im Programm über Namen oder über Nummern oder mit dem Zeichen * identifiziert.
Mit gewissen "Standard"-Dateien sind Ein- und Ausgabegeräte assoziiert, z.B. Terminal oder Kartenleser für die Eingabe bzw. Terminal oder Drucker für die Ausgabe.

Dateien sind aus Sätzen (records) aufgebaut. Bei Ein- und Ausgabegeräten, die mit Dateien assoziiert sind, bedeutet ein Satz z.B. eine Zeile auf dem Bildschirm oder dem Drucker bzw. dem Inhalt einer Lochkarte (bei Lochkartenleser).
Es gibt folgende *Arten* von Sätzen:

- formatierte Sätze
- unformatierte Sätze
- Endfile-Sätze.

Ein formatierter Satz besteht aus einer Reihe von Zeichen (z.B. gemäß ASCII oder einem rechnerabhängigen Code), die ihrerseits jeweils 8 Bit umfassen. Ein unformatierter Satz besteht aus einer Folge von Werten, die ein Bit-für-Bit-Abbild der rechnerabhängigen internen Darstellung sind.
Sätze sind durch ihre Länge gekennzeichnet, z.B. Satzlänge = 80 (Zeichen) bei Eingabe von Lochkarten oder Satzlänge = 133 (Zeichen) bei Druckerausgabe (inkl. Vorschubsteuerzeichen).
Ein Endfile-Satz kann als letzter, abschließender Satz einer Datei geschrieben werden.
Es gibt folgende *Zugriffsarten* auf Dateien:

- Sequentieller Zugriff   (sequential access)
- Direkter Zugriff   (direct access)

Beim sequentiellen Zugriff ist die Ordnung der Sätze durch fortlaufendes Hintereinanderschreiben gegeben. Entweder sind alle Sätze formatiert oder alle sind unformatiert mit Ausnahme des letzten Satzes, der ein Endfile-Satz sein darf.

Beim direkten Zugriff ist jeder Satz eindeutig durch eine Satznummer identifizierbar. Alle Sätze einer Datei haben die gleiche Länge. Die Ordnung der Sätze ist durch die aufsteigenden Satznummern gegeben (positive Integer-Zahl). Sätze können in jeder beliebigen Reihenfolge gelesen oder geschrieben werden. Anweisungen zur listengesteuerten Ein-/Ausgabe sind nicht zugelassen.

Externe und interne Dateien

Externe Dateien sind außerhalb des FORTRAN-Programmes auf Betriebssystemebene existent, auf sie wird durch ganze positive Zahlen und durch das Zeichen * Bezug genommen.
Interne Dateien existieren nur innerhalb des FORTRAN-Programmes; sie befinden sich im realen oder virtuellen Arbeitsspeicher, auf sie wird durch Namen Bezug genommen. Eine interne Datei kann sein:
- Eine Character-Variable
- Ein Character-Array-Element
- Ein Character-Array
- Ein Character-Substring.

Ein Satz einer internen Datei ist eine Character-Variable, ein Character-Array-Element oder ein Character-Substring.
Ist die interne Datei kein Character-Array, dann besteht sie nur aus einem Satz, sonst ist jedes Element des Arrays ein Satz; die Ordnung der Sätze ist durch die Ordnung der Array-Elemente gegeben.
Die Sätze werden durch Beschreiben definiert, nur danach können sie gelesen werden. Das Beschreiben kann sowohl durch Ausgabeanweisungen als auch durch Wertzuweisungen geschehen.
Lesen und Schreiben ist bei internen Dateien nur formatiert im sequentiellen Zugriff möglich. Auf interne Dateien können nur die Anweisungen READ, WRITE oder PRINT angewendet werden, nicht jedoch OPEN, CLOSE, INQUIRE, BACKSPACE, ENDFILE und REWIND.

Beispiele:

(1) Unterschiedliche Interpretation einer Zeichenfolge in einer internen Datei durch Lesen mit verschiedenen FORMAT-Angaben:

```
CHARACTER INDAT*10, C1*2, C2*4
INTEGER  K1, K2, K3
REAL     X,Y
INDAT='1234567890'
...
READ (INDAT,999) K1, K2, K3
...
READ (INDAT,998) X,Y
...
READ (INDAT,997) C1, C2
...
```

```
999 FORMAT (3X, I2, I3, I2)
998 FORMAT (F6.3, F4.2)
997 FORMAT (2X, A2, 2X, A4)
```

Wirkung: K1 = 45, K2 = 678, K3 = 90, X = 123.456, Y = 78.90,
C1 = '34', C2 = '7890'

(2) Untersuchung, ob eine maximal 10-stellige ganze Zahl die Ziffer ZIFF enthält (Interpretation einer Zahl zeichenweise). Anwendung von READ und WRITE auf eine interne Datei:

```
    CHARACTER*1 C(10), ZIFF, WERT*10
    INTEGER  IZAHL, I
    ...
    IF (IZAHL .GT. 0) THEN
      WRITE (WERT,100) IZAHL
      READ (WERT,200) (C(I), I=1, 10)
      DO 10 I=1,10
         IF (C(I) .EQ. ZIFF) THEN
         ...
         END IF
 10   CONTINUE
    END IF
100 FORMAT (I10)
200 FORMAT (10A1)
```

7.2 Die Anweisungen READ, WRITE und PRINT

READ dient zur Eingabe, WRITE und PRINT dienen zur Ausgabe von Daten. Die Parameter für die Anweisungen bezeichnet man als Spezifikationen, deren Angabe im allgemeinen nur optional ist.
Die Spezifikationen können entweder positionsabhängig sein oder es ist die Angabe von Schlüsselwörtern (s. unten UNIT, FMT etc.) möglich. Im letzteren Fall ist die Reihenfolge der Spezifikationen beliebig. Es können sogar bis zu einem gewissen Grade beide Formen (mit oder ohne Schlüsselwort) in einer Anweisung gemischt auftreten.
Die READ-Anweisung für die Eingabe ist in 2 Formen möglich:

READ ([UNIT =] u [, [FMT =] f] [,REC = rn] [,IOSTAT = ios] [,ERR = m] [,END = m]) [liste]

READ f [,liste]

Diesen beiden Formen der READ-Anweisung entsprechen für die Ausgabe die folgenden beiden Anweisungen:

WRITE ([UNIT =] u [, [FMT =] f] [,REC = rn] [,IOSTAT = ios] [,ERR = m]) [liste]

PRINT f [,liste]

Erklärung der Spezifikationen:

Werden die Schlüsselworte UNIT und FMT weggelassen, dann müssen die Parameter u und f an erster und zweiter Stelle stehen. Außer UNIT = u sind alle weiteren Spezifikationen optional.

UNIT: Bei externen Dateien ist u ein Integer-Ausdruck, dessen Wert größer oder gleich Null sein muß.
Bei externen Dateien kann außerdem für u das Zeichen * stehen, wenn eine Standard-Einheit gemeint ist (Terminal, Kartenleser, Drucker).
Bei internen Dateien kann u sein: Character-Variable, Character-Array-Element, Character-Array, Substring.

FMT: f kann sein (in beiden Formen der READ-Anweisung, in der WRITE- und der PRINT-Anweisung):

- Die Marke einer FORMAT-Anweisung in der gleichen Programmeinheit
- Der Name eines Character-Arrays
- Jeder Character-Ausdruck inklusive einer Character-Konstanten. Enthält der Ausdruck den Konkatenationsoperator, dann darf kein Operand mit der Längenangabe (*) auftreten, es sei denn, es handelt sich um eine benannte Konstante.
  -- In den beiden letzten Fällen muß das Character-Array oder der Character-Ausdruck bei Erreichen der Ein-/Ausgabeanweisung einen gültigen Format-String enthalten (siehe Abschnitt 7.4).
- Das Zeichen *, womit listengesteuerte Ein-/Ausgabe gemeint ist (siehe Abschnitt 7.5)
- Eine Integervariable, der vorher in einer ASSIGN-Anweisung die Marke einer FORMAT-Anweisung zugewiesen wurde (dies geschieht genauso wie beim assigned GO TO, siehe Abschnitt 5.1).

REC: rn ist ein Integer-Ausdruck, dessen Wert positiv sein muß. Dieser Wert gibt die Nummer des zu lesenden oder zu schreibenden Satzes bei *direktem* Zugriff an. Fehlt die Angabe zu REC, dann liegt sequentieller Zugriff vor.

IOSTAT: ios ist eine Integer-Variable oder ein Integer-Array-Element; ios hat die Bedeutung eines Ausgabe-Parameters. Nach Abarbeitung einer READ-/WRITE-Anweisung mit Angabe von IOSTAT erhält ios einen der folgenden Werte:

- ios = 0: es trat weder eine Fehlerbedingung noch eine Endebedingung auf.
- ios > 0: eine Fehlerbedingung ist aufgetreten, der positive Wert ist rechnerabhängig.
- ios < 0: eine Endebedingung ist aufgetreten, der negative Wert ist rechnerabhängig.

ERR: m ist eine Marke, die in der gleichen Programmeinheit eine ausführbare Anweisung markiert. Tritt bei der Datenübertragung ein Fehler auf, dann erfolgt ein Sprung nach m.

END: m ist eine Marke, die in der gleichen Programmeinheit eine ausführbare Anweisung markiert. Wird beim Lesen das Ende der Datei vorzeitig erreicht (d.h. sind weniger Datenwerte vorhanden als gelesen werden sollen), dann erfolgt ein Sprung nach m.

Die zweite Form der READ-Anweisung und die PRINT-Anweisung sind aus Kompatibilitätsgründen mit FORTRAN IV-Versionen vorhanden. Es sind spezielle Formen der Ein-/Ausgabeanweisungen, bei denen nur Standard-Ein-/Ausgabegeräte angesprochen werden. Ihre einzige Spezifikation ist die Angabe zur Format-Beschreibung.

Folgende Formen sind völlig gleich in ihrer Wirkung:

READ (*,f) [liste] und **READ f [,liste]**
WRITE (*,f) [liste] und **PRINT f [,liste]**

Beispiele:

(1) Einlesen einer unbestimmten Anzahl von Wertepaaren X,Y, Ausgabe eines Ergebnisses:

```
      INTEGER NIN, NOUT, ZAEHL
      REAL   X,Y,ERGEB
      COMMON /KANAL/ NIN, NOUT
      ZAEHL=0
   10 CONTINUE
      READ (NIN, 990, END=1000) X,Y
      ZAEHL=ZAEHL+1
      GO TO 10
      ...
```

```
1000 CONTINUE
     ...
     WRITE (NOUT, 980) ERGEB
     ...
```

(2) Abfrage auf Fehlerbedingung bei der Ausgabe:

(a)
```
     ...
     WRITE (NAUS+1,1000,IOSTAT=ISTAT) U,V,W
     IF (ISTAT .GT. 0) GO TO 2000
```

(b) die gleiche Wirkung hat

```
     WRITE (NAUS+1,1000,ERR=2000) U,V,W
```

(c) Benutzung von ASSIGN

```
     INTEGER IFORM
     IF (...) THEN
        ASSIGN 750 TO IFORM
     ELSE
        ASSIGN 850 TO IFORM
     END IF
     WRITE (17,IFORM) A1,B,C,Z
     ...
 750 FORMAT (...)
 850 FORMAT (...)
```

(d) Durchgängige Benutzung von Schlüsselwörtern, Reihenfolge der Spezifikationen daher beliebig:

```
     READ (FMT=1987, UNIT=5, ERR=99, END=999, REC=2**N-1)
    +      (A(I),I=1,K)
```

(e) Vereinfachte Form (Standard-Ein-/Ausgabegeräte):

```
     READ 100, X,Y,Z,(U(I), I=1,10)
     PRINT 200, A,B,(WERTE(J), J=1,20),K
     ...
 100 FORMAT (...)
 200 FORMAT (...)
```

(f) Ein-/Ausgabe in unformatierter Form (kein Auftreten der Spezifikation FMT).
In einem Programm A wird der Inhalt eines Arrays unformatiert, d.h. als direktes Abbild der Speicherinhalte, auf eine externe Datei mit der Einheitennummer 71 geschrieben.
In einem anderen Programm B wird von dieser Datei unter Einheitennummer 81 der Dateiinhalt in ein Array eingelesen.

```
PROGRAM A
REAL X(100,100)
...
WRITE (71) ((X(I,J), J=1,100), I=1,100)
...
END

PROGRAM B
REAL Y(10000)
...
READ (81) (Y(I), I=1,10000)
...
END
```

Die Zuordnung von 71 zu einem externen Dateinamen in Programm A und die Zuordnung von 81 zu dem gleichen externen Dateinamen in Programm B geschieht entweder durch eine OPEN-Anweisung oder auf der Ebene der Kommandosprache (also außerhalb der FORTRAN-Programme).

(g) Character-Konstante als Spezifikationswert für FMT

```
READ (5,'(10X,2I6,5X,F10.4,2X,E15.8)') K1,K2,X1,X2
WRITE (6,'(5X,10F12.7//I6,4X,I8)') (A(I),I=1,10),
+      J,K
```

Die Character-Konstante muß ein gültiger FORMAT-String sein (siehe Abschnitt 7.4) inklusive der ersten öffnenden und der letzten schließenden Klammer.
Mit dieser Konstruktion wird die FORMAT-Anweisung überflüssig. Gleichbedeutend mit den beiden obigen Anweisungen ist nämlich:

```
READ (5,99) K1,K2,X1,X2
WRITE (6,98) (A(I), I=1,10), J,K
...
99 FORMAT (10X,2I6,5X,F10.4,2X,E15.8)
98 FORMAT (5X,10F12.7//I6,4X,I8)
```

Tritt innerhalb einer derartigen Character-Konstanten wiederum eine Character-Konstante auf, so müssen für die Begrenzer dieser "inneren" Konstanten entsprechend den Regeln über Character-Konstanten zwei unmittelbar aufeinanderfolgende Apostrophe geschrieben werden.

```
WRITE (NOUT,'('' □K□='',I4,5X,''□X□='',F10.6)')
+      K,X
```

(h) Character-Variable als Spezifikationswert für FMT.

Da in diese Variable unterschiedliche Werte geschrieben werden können, ist die Möglichkeit eines "variablen Formats" gegeben. Als Beispiel wird eine *obere* Dreiecksmatrix ausgegeben:

```
PROGRAM OB3MAT
INTEGER I,J,M
PARAMETER (M=5)
CHARACTER UEBER*(*), MFORM*16, ZIFF*(M+1)
REAL F(M,M)
PARAMETER (UEBER='(''1OBERE□DREIECKSMATRIX''//)')
DATA MFORM,ZIFF/'(□1X,□(4X,F6.3))','□12345'/
    ...
    F(I,J)=...
    ...
    WRITE (*,UEBER)
    DO 10 I=1,M
       MFORM (2:2)=ZIFF(I:I)
       MFORM(6:6)=ZIFF(M+2-I:M+2-I)
       WRITE (*,MFORM) (F(I,J),J=1,M)
10  CONTINUE
    STOP
    END
```

7.3 Ein-/Ausgabelisten

Die Anweisungen READ, WRITE und PRINT dienen zur Übertragung von aktuellen Daten in das FORTRAN-Programm (READ) bzw. aus dem FORTRAN-Programm (WRITE, PRINT). In der mit "liste" gekennzeichneten Liste werden die zu übertragenden Größen (Ausgabe) bzw. die Größen, in die übertragen wird (Eingabe), angegeben.

Die Liste darf enthalten:

(1) Bei Eingabe:
- Namen von einfachen Variablen beliebigen Typs (auch Character-Substrings)
- Namen von Arrays und Array-Elementen
- Sog. Implizite DO-Schleifen

(2) Bei Ausgabe:
- wie bei Eingabe, zusätzlich jedoch:
- Konstanten beliebigen Typs
- Audrücke beliebigen Typs (auch solche, die Function-Aufrufe eingebauter Funktionen enthalten).

Implizite DO-Schleifen:

Implizite DO-Schleifen dienen zur Übertragung von Arrays oder von Teilen davon, ihre formale Gestalt ist:

    (dliste, v = e_1, e_2 [,e_3])

v, e_1, e_2 und e_3 haben die gleiche Bedeutung wie bei (expliziten) DO-Schleifen. dliste ist eine Liste zu übertragender Größen, deren Elemente wiederum implizite DO-Schleifen sein dürfen. Damit ist die Möglichkeit der Schachtelung gegeben.
Bei READ-Anweisungen darf die Variable v *nicht* in dliste vorkommen.

Beispiele:

(a) Variablen, Konstanten, Ausdrücke und Arrayelemente in der Liste

```
REAL X(10)
READ (27,990) A,B,CW,I,ZEICHN,X(3),X(8)
WRITE (37,980) ERGEBN,Z,N+2,P*SIN(X/2),'□TEXT',X(10)
WRITE (*,970) K1,L2,1,2,'1','2','□ANF'//VAR//'ENDE'
WRITE (47,960) X(10), Y(10)
```

X(10) bedeutet das 10.Element des Arrays X, Y(10) ist der Aufruf einer REAL FUNCTION mit dem aktuellen Integerparameter 10.

(b) Arraynamen in der Liste

```
REAL A(10,10), V(10), B(20,10,2), W(50)
...
READ (5,1000,END=1999) A,V
...
WRITE (6,2000) W,B
```

Steht der Name eines Arrays in der Liste, dann wird das gesamte Array übertragen. In der READ-Anweisung wird also für 110 Größen ein Wert eingelesen, durch die WRITE-Anweisung werden 450 Real-Zahlen ausgegeben. Es ist dabei die interne Abspeicherung von zwei- und mehrdimensionalen Arrays zu beachten.

Beim Lesen wird in der folgenden Reihenfolge übertragen:
A(1,1), A(2,1), ..., A(10,1), A(1,2), A(2,2), ..., A(10,2), ..., A(1,10), A(2,10), ..., A(10,10), V(1), V(2), ..., V(10).

Beim Ausgeben wird in der folgenden Reihenfolge übertragen:

W(1), W(2), ..., W(50),
B(1,1,1), B(2,1,1), ..., B(20,1,1), B(1,2,1), B(2,2,1), ..., B(20,2,1), ...,
B(1,20,1), B(2,20,1), ..., B(20,20,1), B(1,1,2), B(2,1,2), ...,
B(20,1,2),
B(1,2,2), B(2,2,2), ..., B(20,2,2), ..., B(1,20,2), B(2,20,2), ...,
B(20,20,2).

(c) Implizite DO-Schleifen

   (1)   WRITE (*,99) (X,Y,Z, J=-1,1)

       Dreimalige Ausgabe von X,Y,Z (da J = -1, J = 0, J = 1), die
       Wirkung ist identisch mit WRITE (...) X,Y,Z,X,Y,Z,X,Y,Z

   (2) Praktisches Beispiel für Arbeiten mit Vektoren

```
        INTEGER NMAX,I,N
        PARAMETER (NMAX=100)
        REAL X(NMAX), Y(NMAX)
        ...
        READ (5,90) N
        IF (N .LT. 1 .OR. N .GT. NMAX) THEN
C----------Fehlermeldung, Abbrechen
        ...
        ELSE
           READ (5,91) (X(I), Y(I), I=1,N)
           ...
           WRITE (6,92) (X(I), I=1,N), (Y(I), I=1,N)
           ...
        END IF
        ...
```

       Es wurden in diesem Fall nur die ersten N "Plätze" von X
       und Y ausgenutzt ($1 \leq N \leq NMAX$).
       Im ersten Fall hat man eine Liste mit zwei Elementen, die
       Reihenfolge ist: X(1), Y(1), X(2), Y(2), ..., X(N), Y(N).
       Im zweiten Fall hat man zwei Listen mit je einem Element,
       die Reihenfolge ist: X(1), X(2), ..., X(N), Y(1), Y(2), ..., Y(N).

   (3) Geschachtelte implizite DO-Schleifen

```
        REAL A(50,50)
        ...
        WRITE (6,177) ((A(I,J), J=1,N), I=1,M)
```

       Für die Laufvariable I ist die Liste - bestehend aus einem
       Element - wiederum eine implizite DO-Schleife. Für einen
       festen Wert I = I_0 wird erst diese „innere" implizite DO-
       Schleife abgearbeitet, bevor es in der „äußeren" mit $I_0 + 1$
       weitergeht.

Die Reihenfolge in der Übertragung ist daher:

A(1,1), A(1,2), ..., A(1,N), ..., A(M,1), A(M,2), ..., A(M,N);
d.h. „zeilenweises" Einlesen.

Durch Vertauschen der Laufvariablen in den impliziten DO-Schleifen läßt sich durch READ und nachfolgendes WRITE sofort die Transponierte einer Matrix ausgeben:

```
READ  (NIN,1000) ((MATRIX(I,J), J=1,N), I=1,M)
WRITE(NOUT,2000) ((MATRIX(I,J), I=1,M), J=1,N)
```

(4) Typisches Beispiel von expliziten und impliziten DO-Schleifen

```
    DO 10 I=1,N
       WRITE (6,9999) (A(I,J), J=1,N), X(I)
10 CONTINUE
```

Hier werden N WRITE-Anweisungen durchgeführt, deren Listen jede eine implizite DO-Schleife (die nicht geschachtelt ist) enthalten sowie ein Arrayelement.
Reihenfolge der Ausgabe:
A(1,1), ..., A(1,N), X(1), ..., A(N,1), ..., A(N,N), X(N)

Man beachte, daß in FORTRAN die Ein- und Ausgabe satzorientiert ist, d.h. bei Erreichen einer READ-/WRITE-Anweisung wird ein neuer Satz angefangen.
Im letzten Beispiel werden - falls 6 einen Drucker bezeichnet - mindestens N Zeilen mit jeweils N + 1 Werten erzeugt (die Behandlung des Falles, daß N so groß ist, daß N + 1 Werte nicht in eine Zeile passen, geschieht in Abschnitt 7.4).
Es folgt, daß bei

```
    DO 20 I=1,10
       DO 10 J=1,5
          WRITE (6,9999) A(I,J)
10     CONTINUE
20  CONTINUE
```

50 Zeilen mit je einem Wert ausgegeben werden.

7.4 Die FORMAT-Anweisung und Format-Descriptoren

Wird in einer Ein-/Ausgabeanweisung für die Spezifikation fmt eine Marke gesetzt, so muß es in derselben Programmeinheit eine Anweisung folgender Form geben:

m FORMAT (fliste)

m ist dabei die Marke, die für fmt angegeben wurde. Die FORMAT- Anweisung ist nicht-ausführbar, sie kann an beliebiger Stelle der Programmeinheit stehen.
Zweckmäßig ist eine der folgenden Varianten:

- Eine FORMAT-Anweisung steht unmittelbar hinter derjenigen READ-, WRITE- oder PRINT-Anweisung, die sich mittels der Marke auf die FORMAT-Anweisung bezieht.

- Alle FORMAT-Anweisungen stehen am Ende der Programmeinheit (aber noch *vor* der END-Anweisung)

- Alle FORMAT-Anweisungen stehen am Anfang der Programmeinheit (aber *hinter* PROGRAM bzw. [type] FUNCTION bzw. SUBROUTINE).

Mehrere Ein-/Ausgabeanweisungen können sich auf die gleiche FORMAT-Anweisung beziehen.
Aus Übersichtsgründen sollte man für die FORMAT-Anweisungen Marken wählen, die sich deutlich von anderen Marken in der gleichen Programmeinheit unterscheiden.

fliste enthält sogenannte Descriptoren, die beschreiben, wie die Zeichen in den Sätzen der Eingabedateien zu interpretieren sind bzw. in welche Zeichenfolge die internen Werte bei Übertragung in Ausgabedateien umzusetzen sind. (fliste) - also mit Klammern - kann auch als Wert von fmt auftreten, dann entfällt die FORMAT-Anweisung.
Es wird unterschieden zwischen "wiederholbaren Übertragungs-Descriptoren" (repeatable edit descriptors) und "nicht-wiederholbaren Übertragungs-Descriptoren" (non-repeatable edit descriptors).
Für jedes Element in einer Liste einer Ein-/Ausgabeanweisung muß ein wiederholbarer Descriptor in der zugehörigen FORMAT-Anweisung auftreten (bzw. er muß in dem aktuellen Wert des Character-Ausdruckes oder des Character-Arrays enthalten sein, welches als Wert von fmt auftreten darf).
Die einzelnen Descriptoren sind für festgelegte Datentypen vorgesehen, die Korrespondenz zwischen z.B. einem Integer-Descriptor und einer zu übertragenden Integer-Größe muß gewahrt bleiben. Mehrere aufeinanderfolgende gleiche Descrip-

toren können mit einem Wiederholungsfaktor zusammengefaßt werden.

Vorschubsteuerzeichen

Bei *Ausgabe* auf Geräte (Terminal, Drucker) wird das erste Zeichen eines Ausgabesatzes nicht ausgegeben, sondern als Kontrollzeichen für die vertikale Tabulation genutzt. Es dürfen als erstes Zeichen eines Ausgabesatzes nur die 4 in der nachfolgenden Tabelle angegebenen Zeichen auftreten, alle anderen sind verboten.

1. Zeichen eines Ausgabesatzes	Wirkung
☐	Ausgabe beginnt in der nächsten Zeile
0	Ausgabe beginnt in der übernächsten Zeile
1	Ausgabe beginnt in der ersten Zeile der nächsten Seite (beim Terminal ohne Wirkung)
+	Ausgabe beginnt in derselben Zeile, in die bisher ausgegeben wurde (Übereinanderdrucken von Zeichen ist möglich)

Bei den im weiteren beschriebenen Descriptoren bedeuten große Buchstaben feste FORTRAN-Termini, kleine Buchstaben stehen für Integer-Konstanten ohne Vorzeichen. Für die Buchstaben w und e dürfen nur positive Konstanten stehen, für m und d dürfen nur nicht-negative Konstanten stehen.

Übertragung von Integer-Größen

Hierfür gibt es die Descriptoren

    Iw   und   Iw.m

Eingabe: Die nächsten w Zeichen werden als Integer-Zahl interpretiert, Iw und Iw.m haben gleiche Wirkung. Hinsichtlich der Interpretation von blanks zwischen Ziffern siehe die Descriptoren BN und BZ sowie die OPEN-Anweisung.

Ausgabe: Es werden w Positionen belegt, der Wert wird rechtsbündig ausgegeben. Bei Iw werden führende Nullen unterdrückt, bei Iw.m werden m Ziffern ausgegeben, wobei ggf. führende Nullen auftreten.

Ist der Wert Null, so wird bei Iw eine Null ausgegeben, im Falle Iw.0 werden nur blanks ausgegeben.

Stets muß gelten: $m \leq w$.

Beispiel:

```
    READ (NIN,990) I,K
    READ (NIN,980) L
    ...
    M=I+K
    N=M**L+999
    M1=I-K
    ...
    WRITE (NOUT,970) I,K,L
    WRITE (NOUT,960) M,M1
    WRITE (NOUT,950) N
    ...
990 FORMAT (I3,I4)
980 FORMAT (I2)
970 FORMAT (I5,I4,I4.2)
960 FORMAT (I5,I5.3)
950 FORMAT (I4)
```

Eingabesätze seien: 1.Satz: ☐☐7☐☐1199
                        2.Satz: ☐2

Ausgabe: 1.Satz: ☐☐☐7☐☐11☐☐02
                        2.Satz: ☐☐18☐-004
      Nächste Seite, 1.Satz: 323

Bemerkungen: - Die beiden Zeichen 9 im ersten Eingabesatz werden nicht benötigt (überlesen).

- Wenn führende Nullen ausgegeben werden und das Ergebnis ist negativ, dann "rutscht" das Minuszeichen entsprechend weit nach links.

- Die Format-Angabe bei Marke 950 ist sicher ein Programmierfehler. Es ist N = 1323, wegen I4 ist das erste Ausgabezeichen kein blank, sondern eine 1, welche einen Seitenvorschub bewirkt.

Übertragung von Größen der Typen Real, Double Precision, Complex

Hierfür gibt es die Descriptoren:

Fw.d   Ew.d   Ew.dEe   Dw.d   Gw.d   Gw.dEe

w ist in allen Fällen die Feldweite, bei Eingabe werden die nächsten w Zeichen von der Datei gelesen, bei der Ausgabe werden w Positionen für die auszugebende Zahl belegt.

Eingabe: Alle 6 Descriptoren haben die gleiche Wirkung. Im Eingabefeld darf folgendes stehen:
Die sogenannte Grundform, welche aus einer Folge von Ziffern besteht, der ggf. ein Vorzeichen vorangeht. Zwischen diesen Ziffern darf irgendwo ein Dezimalpunkt stehen. Ist dies der Fall, so ist die Angabe zu d (Anzahl der Dezimalstellen) bedeutungslos. Fehlt der Punkt, so werden die letzten d Ziffern als hinter dem Dezimalpunkt stehend interpretiert.
An diese Grundform darf sich anschließen:

- Eine Integerkonstante mit Vorzeichen (dies ist obligat, da es als Trennzeichen zwischen Mantisse und Exponent gewertet wird).

- Einer der Buchstaben D oder E gefolgt von einer Integer-Konstanten, die ein Vorzeichen haben kann, aber nicht haben muß.

In beiden Fällen wird diese zusätzliche Angabe als Exponent interpretiert.

Beispiele:

Eingabefeld	Descriptor	Interpretation
▢▢▢▢▢▢▢▢9.87	F12.4	9.87
▢▢▢▢▢▢▢▢9.87	E12.4	9.87
▢▢▢▢▢▢▢▢9.87	G12.4	9.87
▢▢▢▢▢▢▢▢9.87	D12.4	9.87
▢▢▢▢▢▢▢▢9.87	E12.4E1	9.87
▢▢▢123456789	F12.4	12345.6789
▢▢▢▢▢▢▢▢▢111	F12.7	0.0000111
▢▢-3.0E-5	F9.3	$-3.0*10^{-5}$
▢▢-3.0E-5	E9.0	$-3.0*10^{-5}$
▢▢1.789-2	F9.2	0.01789
▢1.789E-2	E9.2	0.01789
▢1.789D-2	E9.1	0.01789
▢▢▢▢3+4	F7.3	30.0

Bemerkungen: - Die letzte Interpretation ergibt sich aus: $0.003*10^4$

- Um Fehlinterpretationen zu vermeiden, die sich leicht ergeben können (siehe letztes Beispiel), wird als Faustregel empfohlen:

    Eingabewerte als Fest- oder Gleitpunktzahlen rechtsbündig auf Datenträger (bzw. Datei) schreiben, Dezimalpunkt explizit angeben und stets mit d = 0 arbeiten (d ist ja wegen Vorhandensein des Dezimalpunktes bedeutungslos), also z.B. Fw.0 oder Ew.0 oder Gw.0.

Ausgabe bei Fw.d: Ausgabe als Festpunktzahl rechtsbündig auf insgesamt w Positionen, wobei die letzten d Stellen den gebrochenen Anteil aufnehmen, Rundung auf d Stellen. Es muß gelten: $w \geq d + 3$ (zusätzliche Positionen für Dezimalpunkt, mindestens eine Stelle vor diesem und ggf. Vorzeichen).

Beispiele:

Wert	Descriptor	Ausgabe
-3.9999	F9.4	⊡⊡-3.9999
-3.9999	F10.5	⊡⊡-3.99990
-3.9999	F9.5	⊡-3.99990
-3.9999	F9.3	⊡⊡⊡-4.000
-3.9999	F6.4	******
99.99	F6.2	⊡99.99
99.99	F6.1	⊡100.0
-0.0987	F7.2	⊡⊡⊡-.10
-0.0987	F10.5	⊡⊡⊡-.09870
1234.56789	F14.7	⊡⊡1234.5678900

In der fünften Zeile ist der Descriptor wegen zu kleiner Feldweite ($w \geq d + 3$ wurde verletzt) nicht zur Ausgabe geeignet. In diesem Falle wird w-mal das Zeichen * ausgegeben.

Ausgabe bei Ew.d und Ew.dEe:

Ausgabe als Gleitpunktzahl rechtsbündig auf insgesamt w Positionen, wobei d Stellen den gebrochenen Anteil aufnehmen. e in der Form Ew.dEe gibt die Anzahl der Stellen für den Exponenten an.

Eine Real-Zahl wird dann als

$s.x_1x_1 \ldots x_d exp$ oder $s0.x_1x_2 \ldots x_d exp$

ausgegeben. s steht für das Vorzeichen, ggf. steht hier ein blank. In Abhängigkeit vom Compiler wird die Null vor dem Dezimalpunkt mit ausgegeben oder nicht. $x_1x_2 \ldots x_d$ ist die auf d Stellen gerundete Mantisse.
exp ist der Exponent zur Basis 10, seine Form hängt vom Descriptor ab

Descriptor	Wert des Exponenten	Form von exp
Ew.d	$\|exp\| \leq 99$	$E \pm Z_1Z_2$ oder $\pm 0Z_1Z_2$
	$99 < \|exp\| \leq 999$	$\pm Z_1Z_2Z_3$
Ew.dEe	$\|exp\| \leq 10^{e}-1$	$E \pm Z_1Z_2 \ldots Z_e$

Z_i sind die Ziffern des Exponenten. bei Ew.dEe wird der Buchstabe E immer mit angegeben, der Exponent muß keine führenden Nullen enthalten.
Bei Ew.d belegt der gesamte Exponententeil immer genau 4 Positionen, bei Ew.dEe variiert die Länge.
Es muß gelten: $w \geq d + 7$ bei Ew.d
                $w \geq d + e + 5$ bei Ew.dEe

Beispiele:

Wert	Descriptor	Ausgabe
4.321	F7.3	□□4.321
4.321	E10.3	□□.432E+01
4.321	E10.3E1	□□□.432E+1
4.321	E10.5E1	□.43210E+1
$-81.34*10^{102}$	F12.4	************
$-81.34*10^{102}$	E12.4	□□-.8134+102
$-81.34*10^{102}$	E12.4E3	□-.8134E+102

Ausgabe bei Dw.d

Die Wirkung ist identisch mit der von Ew.d, lediglich anstelle des Buchstabens E wird der Buchstabe D gesetzt. Bei der Ausgabe von Double Precision-Werten sollte - zusammen mit einem i.a. größeren Wert für d - diese Form gewählt werden, um zu signalisieren, daß das Ergebnis durch doppelt genaue Rechnung gewonnen wurde.

Ausgabe bei Gw.d und Gw.dEe

In Abhängigkeit von der Größenordnung des auszugebenden Wertes wird hier eine Form entsprechend dem F-Descriptor oder dem Ew.d-Descriptor gewählt. Bei Angabe von Gw.dEe wird entweder gemäß F-Descriptor oder Ew.dEe-Descriptor ausgegeben.

Sei X der Wert der auszugebenden Zahl, dann gilt:

Für $10^{d-(k+1)} \leq X < 10^{d-k}$ für ein k = 0,1,...,d
ist die Wirkung wie F(w-n).k,n('□') mit n = 4 bei Gw.d
bzw. n = e + 2 bei Gw.dEe.
Für k<0 (d.h.: $X \geq 10^d$) und für k>d (d.h. X<0.1) wird mit d signifikanten Stellen gemäß Ew.d oder Ew.dEe ausgegeben.

Es muß gelten: $w \geq d + 7$ bei Gw.d
$w \geq d + e + 5$ bei Gw.dEe

Beispiele:

Wert	Descr.	Ausgabe	Bemerk.
3.1415926536	G16.8	□□□3.1415927□□□□	wie F12.7
12345.6789	G12.4	□□□.1235E+05	wie E12.4
12345.6789	G12.4E1	□□□□.1235E+5	wie E12.4E1
12345.6789	G15.7	□□□12345.68□□□□	wie F11.2
12345.6789	G15.7E1	□□□□12345.68□□□	wie F12.2

Übertragung komplexer Größen

Es gibt hierfür keinen speziellen Descriptor; die Ein-/Ausgabe wird auf die Übertragung zweier Real-Größen zurückgeführt.

Beispiel:

```
      COMPLEX Z1,Z2,Z3
      READ (5,1000) Z1,Z2
      ...
      Z3=Z1*Z2*(1.0,-0.3333)
      ...
      WRITE(6,1001) Z3
      ...
 1000 FORMAT (2F10.0,2F8.0)
 1001 FORMAT (1X,'RE=',G15.7,'□□IM=',G15.7)
```

Übertragung von Größen des Typs Logical

Hierfür gibt es den Descriptor

    Lw

w ist die Anzahl der zu übertragenden Zeichen.

Eingabe: Im Eingabesatz können blanks oder auch ein Dezimalpunkt stehen. Irgendwo im Satz muß ein T (für .TRUE.) oder ein F (für .FALSE.) folgen. Danach können beliebige Zeichen stehen.

Ausgabe: Es werden w-1 blanks ausgegeben, dann folgt entweder T oder F.

Beispiel:
```
        LOGICAL L1,L2
        ...
        READ(*,100) L1,L2
        ...
        WRITE(*,101) L1,L2
        ...
100     FORMAT (L7,L8)
101     FORMAT (1X,L5,2X,L3)
        ...
```

Eingabesatz: ☐.TRUE.☐☐☐FALAB

Ausgabe: ☐☐☐☐T☐☐☐☐F

Übertragung von Größen des Typs Character

Hiefür gibt es den Descriptor

    A[w]

w ist die Anzahl der zu übertragenden Zeichen. Fehlt die Angabe zu w, dann bestimmt sich bei der Eingabe die Anzahl der zu übertragenden Zeichen aus der Länge l der Character-Variablen, bei der Ausgabe werden dann alle l Zeichen übertragen.

Eingabe: Ist w≧l, so werden die l am weitesten *rechts* stehenden Zeichen aus dem w Zeichen umfassenden Eingabegebiet übertragen. Es wird also *vorne* abgeschnitten (bei der Wertzuweisung wird in derartigen Fällen *hinten* abgeschnitten).
Ist w<l, so werden die nächsten w Zeichen gelesen und rechts wird mit l-w blanks aufgefüllt (genau wie bei der Wertzuweisung).

Ausgabe: Ist w≧l, so werden zunächst w-l blanks ausgegeben und dann die l Zeichen der auszugebenden Größe. Ist w<l, so werden die ersten w Zeichen ausgegeben (von links gerechnet). Die folgenden l-w Zeichen werden nicht mit ausgegeben.

Beispiel für Eingabe:

```
    CHARACTER F*7,G*10,H*12
    ...
    READ(5,100) F,G,H
    ...
100 FORMAT (A10,A,A9)
    ...
```

Eingabesatz: FORTRAN77□-□STAENDIG□IM□GRIFF

Der Einlesevorgang bewirkt folgende Zuordnung:

Variable	Wert
F	TRAN77□
G	-□STAENDIG
H	□IM□GRIFF□□□

Beispiel für Ausgabe:

```
    CHARACTER C1*7,C2*4,C3*7,C4*4
    C1='FORTRAN'
    C2='□IST'
    C3='□□NICHT'
    C4='□TOT'
    WRITE(*,100) (C1(I:I), I=1,7), '77'//C2, C3, C4
100 FORMAT (1X,7A2,A7,A2,A)
    END
```

Dieses Programm produziert die Ausgabe:

□F□O□R□T□R□A□N□77□IST□□□TOT

Erklärenden konstanten Text in der Ausgabe kann man, da ja Konstanten in der Ausgabeliste möglich sind, wie folgt produzieren:

```
REAL X
X=...
WRITE(*,90) 'ERGEBNIS=',X
90 FORMAT (1X,A,F15.11)
```

Aus Kompatibilitätsgründen mit FORTRAN IV exisitiert ferner die Möglichkeit, innerhalb der Liste der Descriptoren auch eine Character-Konstante zu haben. Gleichwertig mit dem letzten Programmstück ist daher:

```
REAL X
X=...
WRITE(*,90) X
90 FORMAT (1X,'ERGEBNIS=',F15.11)
```

Ebenfalls nur aus Kompatibilitätsgründen mit FORTRAN IV existiert auch die Möglichkeit, eine Character-Konstante als sogenannte Hollerith-Konstante auszugeben.
Statt '$z_1z_2...z_n$' kann man die folgende Form wählen:

$n\,H z_1 z_2 ... z_n$

n ist eine vorzeichenlose, positive Integerkonstante, die die Anzahl der auf H folgenden Zeichen angibt.
Einziger Unterschied zwischen beiden Formen ist: Tritt unter den z_i ein Apostroph auf, so ist es in der Form $nHz_1z_2..z_n$ als ein Zeichen zu schreiben, bei '$z_1z_2...z_n$' sind dann zwei unmittelbar aufeinanderfolgende Apostrophe zu schreiben, so daß die äquivalente Form dann '$z_1z_2...z_nz_{n+1}$' lautet.

Beispiel (wie oben)

```
REAL X
X=...
WRITE(*,90) X
90 FORMAT (1X,9HERGEBNIS=,F15.11)
```

Wiederholungsfaktoren

Steht ein Descriptor in identischer Form mehrfach hintereinander, so braucht er nur einmal geschrieben zu werden, wobei er zusätzlich mit einem Faktor zu versehen ist, der die Vielfachheit angibt. Das gleiche gilt für eine Teilliste mehrerer Descriptoren; diese Teilliste ist dann in zusätzliche Klammern einzuschließen.
Man hat die Formen:

    r descr   und   r (descr$_1$, ..., descr$_n$)

r ist eine positive, vorzeichenlose Integerkonstante. Jeder Descriptor descr_i in der zweiten Form darf seinerseits wieder eine der beiden Formen annehmen, so daß eine Schachtelung der Beklammerung möglich ist. Die Abarbeitung derartig geschachtelter Descriptorenlisten erfolgt von innen nach außen.

Beispiele: Die folgenden, paarweise angegeben FORMAT-Anweisungen sind in ihrer Wirkung jeweils identisch.

```
100 FORMAT (I2,I4,I4,E15.7,E15.7,E15.7,F8.3)
100 FORMAT (I2,2I4,3E15.7,F8.3)

200 FORMAT (3X,I3,F15.10,I3,F15.10,G18.11,G18.11)
200 FORMAT (3X,2(I3,F15.10),2G18.11)
```

Im folgenden Beispiel werden 18 Zeilen ausgegeben, die ihrerseits wieder u.a. 6 Festpunktzahlen enthalten:

```
    WRITE(*,300) (I,(A(I,J),J=1,6),I=1,18)
300 FORMAT (1X,18(/'□ZEILE',I3,4X,6(F10.6,3X)))
```

Zuordnung der Listenelemente bei READ, WRITE, PRINT zu Descriptoren

Jedem Element der Liste in einer Ein-/Ausgabeanweisung (entweder durch explizite Angabe der Größen oder implizit durch Arraynamen oder implizite DO-Schleifen) muß ein wiederholbarer Descriptor entsprechen. Er muß entweder explizit hingeschrieben oder durch Wiederholungsfaktoren angezeigt werden.
Wiederholbare Descriptoren sind Iw, Iw.m, Fw.d, Ew.d, Ew.dEe, Dw.d, Gw.d, Gw.dEe, Lw, A[w]. Einzige Ausnahme: Einer komplexen Größe entsprechen 2 Descriptoren.
Ist diese Eins-zu-Eins-Korrespondenz nicht gegeben, dann kann man folgende Fälle unterscheiden:

(1) Die Anzahl der Descriptoren ist größer als die Anzahl der Listenelemente:
   In diesem Falle sind einige Descriptoren überflüssig, sie werden nicht gebraucht (siehe jedoch den nicht-wiederholbaren Descriptor :).

(2) Die Anzahl der Descriptoren ist kleiner als die Anzahl der Listenelemente:

   (a) Ist die äußerste rechte Klammer in der Format-Liste erreicht worden, so wird in der Ein-/Ausgabedatei auf den Beginn des nächsten Satzes positioniert und die weitere Übertragung von Elementen geschieht, indem die Descriptorenliste wieder von vorne begonnen wird.

(b) Ist eine innere rechte Klammer in der Format-Liste erreicht worden und stehen zwischen ihr und der letzten schließenden Klammer keine wiederholbaren Descriptoren mehr, so wird ebenfalls auf den Beginn eines neuen Satzes positioniert. Die weitere Übertragung beginnt aber gemäß dem Descriptor, der als erster hinter der linken Klammer steht, welche mit der erreichten rechten Klammer korrespondiert. Steht vor dieser linken Klammer ein Wiederholungsfaktor, so wird er wieder wirksam.

(c) Wenn die Anzahl der zu übertragenden Größen variabel ist, dann ist es bei der Situation (b) im Grunde gleichgültig, welchen Faktor man vor die Klammer schreibt, bei der ggf. mehrfach aufs Neue die Abarbeitung fortgesetzt wird. Insbesondere könnte man auch eine 1 schreiben. Den Faktor 1 wiederum kann man weglassen. Es liegt dann die paradoxe Situation vor, daß gerade der Wiederholungsfaktor, dessentwegen die Klammerstruktur in FORTRAN eingeführt wurde, nicht mit aufgeführt wird.

Beipiele:

zu (a):
```
      INTEGER K,L
      REAL X,Y
      COMPLEX Z
      ...
      WRITE(6,980) X,K,Z,Y,L
  980 FORMAT (F12.3,I5,2E17.10)
```

Wirkung: Ausgabe von X gemäß F12.3, Ausgabe von K gemäß I5, Ausgabe von Real- und Imaginärteil von Z jeweils gemäß E17.10, Übergang auf eine neue Zeile (neuer Ausgabesatz), Ausgabe von Y gemäß F12.3, Ausgabe von L gemäß I5. Für X und Y stehen nur 11 Positionen zur Verfügung, das erste Zeichen (sinnvollerweise ein blank) dient als Vorschubsteuerzeichen.

zu (b):
```
      WRITE(6,900) K, ((A(I,J), J=1,8), I=1,M)
  900 FORMAT ('1RESULTAT□K=',I6//2(/1X,8(F10.5,2X)))
```

Für M>2 tritt der Fall ein, daß die zweitinnerste Klammer wieder von vorne abgearbeitet werden muß. Wegen des / und des Beginns eines neuen Ausgabesatzes erhält man eine zusätzliche Leerzeile. Außer der Überschrift hat man also je zwei Zeilen mit je 8 Zahlen, dann eine Leerzeile, dann wieder zwei Zeilen mit je 8 Zahlen u.s.w.

Zu (c): Dieser Fall ist wie (b), nur ohne den Faktor 2. Eine praktische
Anwendung ergibt sich bei der Ausgabe von Matrizen.

```
      DO 25 I=1,M
         WRITE(*,1000) (FELD(I,J),J=1,N)
   25 CONTINUE
 1000 FORMAT (/(1X,6(F10.6,3X)))
```

Eine M*N-Matrix wird so ausgegeben, daß immer 6 Werte in
einer Zeile stehen. Hat eine Matrixzeile mehr als 6 Werte,
wird ab dem 7., 13., u.s.w. Wert eine neue Zeile auf dem
Ausgabemedium begonnen.
Nach vollständiger Ausgabe einer Matrixzeile wird eine
Leerzeile eingeschoben (bewirkt durch erneuten Aufruf von
WRITE in der DO-Schleife und einem / als erstem Descriptor).

Descriptoren, denen keine Elemente in der Ein-/Ausgabeliste entsprechen

Diese Descriptoren werden als nicht-wiederholbare Übertragungs-
Descriptoren bezeichnet (non-repeatable edit descriptors).

Der Descriptor   **nX**

mit positiver, vorzeichenloser Integerkonstanten n, die auch dann
auftreten muß, wenn n = 1 ist, bewirkt bei der Eingabe, daß die
nächsten n Positionen überlesen werden und bei der Ausgabe,
daß um n Positionen vorgerückt wird (es werden also n blanks
ausgegeben).

Die Descriptoren   **Tc   TLc   TRc**

dienen zur Tabulation. c ist eine Integer-Konstante.
Tc besagt, daß die Übertragung des nächsten Zeichens mit der c-
ten Position des laufenden Satzes fortgesetzt wird.
Bei TLc wird um c Positionen zurückgesetzt, bei TRc wird um c
Positionen vorgerückt (TRc entspricht also cX).
c muß so gewählt werden, daß nicht vor die erste oder hinter die
letzte Satzposition gerückt wird. Mit Tc und TLc lassen sich bei der
Eingabe gewisse Zeichen mehrfach, ggf. mit unterschiedlichen
Interpretationen, lesen.

Beispiele: (1)   READ(*,900) K1,K2,X
              900 FORMAT (7X,2I4,TL6,F6.4)

Eingabesatz: SATZ☐1:87654321
Wirkung: K1=8765, K2=4321, X=65.4321

```
    (2)    WRITE(*,901) K,N
       901 FORMAT ('1',T90,'SEITE',I4,1X,'VON',
          +        I4,1X,'SEITEN')
```

Der Descriptor   /   (Schrägstrich, slash)

bewirkt bei der Eingabe, daß zum nächsten Satz übergegangen wird und der Rest des gerade aktuellen Satzes überlesen wird.
Bei der Ausgabe bewirkt er ebenfalls einen Übergang zum nächsten Satz, d.h. z.B. Beginn einer neuen Zeile (Terminal, Drucker).
Mehrere Schrägstriche (slash) können hintereinander stehen. Alternativ dazu kann / mit einem Wiederholungsfaktor versehen werden. / selbst wirkt als Trennzeichen in einer Format-Liste und ersetzt somit ein Komma zwischen zwei Descriptoren.

Beispiel:
```
        CHARACTER*10 CH
        REAL A,B,C
        READ(5,900,END=1000) CH,A,B,C
        WRITE(6,901) A,B,CH,C
    900 FORMAT (A10/2F10.5,2/F20.0)
    901 FORMAT (4/2E15.8//A10,3/G17.7)
```

Der Descriptor   :   (Doppelpunkt, colon)

bewirkt die Beendigung der Übertragung, wenn keine weiteren Größen mehr in einer Ein-/Ausgabeliste vorhanden sind. Er hat keine Wirkung, wenn weitere Größen in der Liste auftreten.
Bezüglich der Korrespondenz zwischen Listenelementen und Descriptoren wird die Ein-/Ausgabeliste nur überprüft, wenn

- ein wiederholbarer Descriptor gefunden wurde
- die abschließende Klammer des Formats erreicht wurde
- ein Doppelpunkt auftritt.

Beispiel:
```
        I=17
        K=99
        WRITE(*,100) I,K
        WRITE(*,100) I
        WRITE(*,101) I,K
        WRITE(*,101) I
    100 FORMAT (1X,'I=',I4,'□K=',I4)
    101 FORMAT (1X,'I=',I4:'□K=',I4)
```

Bisweilen werden Ausgabeanweisungen geändert (durch den Programmierer), aber die bisherigen FORMAT-Anweisungen, da auch von anderen Ausgabeanweisungen benötigt, beibehalten.

Die erste WRITE-Anweisung bewirkt: I=☐☐17☐K=☐☐99
Die zweite WRITE-Anweisung bewirkt: I=☐☐17☐K=

Dies ist ein unschöner Effekt, vor dem man sich durch die zweite FORMAT-Anweisung schützt, denn:

Die dritte WRITE-Anweisung bewirkt: I=☐☐17☐K=☐☐99
Die vierte (geänderte) WRITE-
Anweisung bewirkt: I=☐☐17

Das Zeichen : selbst wirkt als Trennzeichen in einer Format-Liste und ersetzt ein Komma zwischen den Descriptoren.

Der Descriptor **kP**

ermöglicht es, bei den Descriptoren F, E, D und G einen Skalenfaktor anzubringen. k ist eine Integerkonstante, ggf. auch negativ, die zusammen mit dem P unmittelbar vor einen der Descriptoren gesetzt werden kann. Bei Beginn der Ein- oder Ausgabeanweisung ist k = 0. Einmal gesetzt, wirkt kP solange, bis ein neuer Skalenfaktor auftritt.

Wirkung bei Eingabe: Der externe Wert wird mit 10^{-k} multipliziert, das Ergebnis wird der Größe in der Eingabeliste zugewiesen. Befindet sich ein Exponent im Eingabefeld, dann ist der Skalenfaktor wirkungslos.

Wirkung bei Ausgabe: Bei den E-Descriptoren oder dem D-Descriptor wird die Basiskonstante (also der Teil ohne den Exponenten) mit 10^k multipliziert und der Exponent um k vermindert. Damit läßt sich eine Gleitpunktzahl auch anders als in der Normalform ausgeben. Beim F-Descriptor ändert sich die auszugebende Zahl wertmäßig durch Multiplikation mit 10^k. Bei den G-Descriptoren ist der Skalenfaktor wirkungslos, solange eine Ausgabe gemäß F-Descriptor möglich ist. Sonst tritt der für E beschriebene Effekt auf.

Beispiele:

(1) Eingabe: Das Eingabefeld sei ☐☐1.234E+2☐☐☐☐45.89

```
READ(*,'(2F10.2)')   A,B   liefert A = 123.4, B = 45.89
READ(*,'(2P2F10.2)') A,B   liefert A = 123.4, B = 0.4589
READ(*,'(-2P2F10.2)') A,B  liefert A = 123.4, B = 4589.0
```

(2) Ausgabe: Sei A = 123.4, B = 45.89

```
WRITE(*,'(1X,2P2F10.2)') A,B
              liefert:   □□12340.00□□□□4589.00

WRITE(*,'(1X,-2P2F10.2)') A,B
              liefert:   □□□□□□1.23□□□□□□□.46

WRITE(*,'(1X,2P2E10.2)') A,B
              liefert:   □12.34E+01□45.89E+00
```

Die Descriptoren   **S   SP   SS**

können in Ausgabeanweisungen benutzt werden, um die Ausgabe des Vorzeichens + zu steuern. Ist der Wert einer auszugebenden Größe positiv, dann ist es bei einer FORTRAN 77-Implementation optional, ein vorlaufendes + auszugeben.
Wird in einer FORMAT-Anweisung SP gesetzt, dann werden von dort an alle positiven Ergebnisse, die mit I-, F-, E-, D- oder G-Descriptoren ausgegeben werden, mit einem führenden + versehen. Wird SS gesetzt, dann wird von dort an kein führendes + bei positiven Werten ausgegeben.
Durch Setzen von S wird der ursprüngliche Zustand des optionalen Setzens eines Pluszeichens wieder hergestellt.

Die Descriptoren   **BN**   und   **BZ**

können benutzt werden, um blanks in numerischen Eingabefeldern zu interpretieren (entweder als Nullen oder als Nicht-Zeichen).
Für eine Datei wird dies durch die Spezifikation BLANK in der OPEN-Anweisung festgelegt; wird ohne OPEN gearbeitet bzw. keine Angabe zu BLANK gemacht, dann gilt eine implementationsabhängige Voreinstellung.
Nach Auftreten von BN werden alle blanks in numerischen Eingabefeldern ignoriert.
Nach Auftreten von BZ werden alle blanks in numerischen Eingabefeldern als Nullen interpretiert.
Ein BN oder BZ wirkt höchstens bis zum Ende der FORMAT-Anweisung.

Das leere Format

Die Konstruktion   FORMAT( )   bzw.   fmt = '( )'

ist zulässig. Die zugehörige READ-, WRITE- oder PRINT-Anweisung darf dann keine Liste enthalten.

Wirkung: Überspringen eines Satzes.

Beispiel: `WRITE(*,'()')`

> wirkt wie NEWLINE in anderen Programmiersprachen.

7.5 Listengesteuerte Ein-/Ausgabe

Dies ist eine Primitivform der Ein- und Ausgabe ohne Angabe einer Format-Spezifikation. Listengesteuerte Übertragung wird erreicht, wenn der Wert der Spezifikation fmt das Zeichen * ist.

Beispiel:
```
READ(NIN,*,END=99) liste
WRITE(NOUT,*,IOSTAT=IWERT,ERR=17) liste
```

> oder bei den vereinfachten Formen (Standard Ein-/Ausgabegeräte):
>
> ```
> READ*,liste
> WRITE*,liste
> ```

Listengesteuerte Eingabe:

Jedem Element von liste muß auf dem Eingabemedium ein konstanter Wert entsprechen, blanks innerhalb von Konstanten sind verboten. Numerische Konstanten vom nicht-ganzzahligen Typ müssen durch explizite Angabe des Dezimalpunktes und/oder des Exponententeils als solche erkennbar sein.
Die einzelnen Konstanten in den Eingabesätzen werden auf folgende mögliche Arten voneinander getrennt:

(1) durch ein Komma (beiderseits des Kommas dürfen beliebig viele blanks stehen)

(2) durch einen oder mehrere blanks

(3) durch das Satzende

(4) durch einen Schrägstrich (beiderseits des Schrägstriches dürfen beliebig viele blanks stehen). Der Schrägstrich hat allerdings die spezielle Bedeutung, daß der aktuelle Einlesevorgang beendet wird (s. unten).

Sollen mehrere aufeinanderfolgende Größen in liste den gleichen Wert erhalten, dann kann statt mehrerer gleicher Konstanten auch

> r*Konstante

geschrieben werden. Der Wiederholungsfaktor r ist eine positive vorzeichenlose Integer-Konstante, beiderseits * dürfen keine blanks stehen. Bei Erreichen einer READ-Anweisung wird ein neuer Eingabesatz begonnen. Eine leere Liste bewirkt das Überlesen eines Satzes.
Ist die Anzahl der Listenelemente größer als die Anzahl der Daten in einem Satz, dann wird auf den nächsten Satz übergegangen.
Eine komplexe Konstante darf sich über zwei Sätze erstrecken, öffnende Klammer und Realteil dürfen im 1.Satz, Imaginärteil und schließende Klammer im 2. Satz stehen; das trennende Komma darf im 1. oder im 2. Satz stehen. Beiderseits dieses Kommas sowie rechts von der öffnenden und links von der schließenden Klammer dürfen blanks stehen.

Beispiel:
```
INTEGER K,L,M
REAL A,B,C
COMPLEX Z1,Z2
DOUBLE PRECISION D
CHARACTER*4 CH
 ...
READ*,A,K,L,B,Z1,C,Z2,D,CH
 ...
```

Eingabedaten: 1. Satz: 1.245,□2*7,□1.0E-4□□(2.5,
                 2. Satz: -0.789E-2)□□+7.6543E+2
                 3. Satz: (-0.33,1.2349□□□)□□0.333D-2,'TEXT'

Wirkung:
```
A = 1.245
K = 7
L = 7
B = 1.0E-4
Z1= (2.5,-0.789E-2)
C = 7.6543E+2
Z2= (0.33,1.2349)
D = 0.333D-2
CH= 'TEXT'
```

Innerhalb eines Satzes können "Nullwerte" vorkommen. Ein "Nullwert" wird durch zwei aufeinanderfolgende Kommata bzw. am Satzanfang durch ein führendes Komma angezeigt.
Mehrere aufeinanderfolgende Nullwerte werden durch r* angegeben (r wie vorher).

Wirkung: Die entsprechenden Listenelemente erhalten keine neuen Werte.

Wird ein Schrägstrich als Trennzeichen in einem Eingabesatz verwendet, so bewirkt dies das Beenden des aktuellen Einlesevorganges. Weiteren Elementen in der Liste werden keine Werte zugeordnet.

Beispiel: READ*, K,L,A,X,Y,Z,M,N,P,J,Q

Eingabedaten: ,□9□□-0.2,2*,1.987E-2,,1000□-1.01/5,-6.78

Wirkung: L = 9, A = -0.2, Z = 1.987E-2, N = 1000, P = 1.01
K, X, Y, M, J und Q erhalten *keine* neuen Werte durch diesen Einlesevorgang.

Listengesteuerte Ausgabe:

Die Art der Ausgabe ist implementationsabhängig.
Nicht-ganzzahlige numerische Größen werden mit maximal der Stellenzahl ausgegeben, die die interne Genauigkeit des verwendeten Rechners zuläßt. Folgen bei diesen Größen ab einer bestimmten Dezimalstelle nur noch Nullen, so werden diese unterdrückt.
Die einzelnen Ergebnisse werden durch einige blanks voneinander getrennt. Mit PRINT* oder WRITE (unit,*,...) wird ein leerer Satz (Leerzeile) erzeugt. Bei Erreichen einer Ausgabeanweisung wird ein neuer Satz begonnen. Dabei wird als erstes Zeichen automatisch ein blank eingeschoben, das als Vorschubsteuerzeichen dient. Passen die mit einer Ausgabeanweisung produzierten Ergebnisse nicht in einen Satz (eine Zeile), so wird in mehrere Sätze aufgebrochen.

Beispiel:
```
   ...
   PRINT*,'ERGEBNISSE'
   PRINT*
   PRINT*,'A=',A,'B=',B,'C=',C
```

Merke: Listengesteuerte Ausgabe sollte nur für einen schnellen Überblick über die Ergebnisse auf Standardgeräten erfolgen (Terminal, Drucker).
Ausgabe in Dateien, von denen später wieder gelesen wird, ist höchstens dann anzuraten, wenn die Datei anschließend wieder listengesteuert gelesen wird.

7.6 Die Anweisungen OPEN, CLOSE und INQUIRE

Eine mit der Spezifikation unit in einer READ- oder WRITE-Anweisung festgelegte Nummer kann auf der Ebene der Kommandosprache des Betriebssystems einer Datei zugeordnet werden. Auf dieser Ebene können ebenfalls Dateien mit gewissen Eigenschaften definiert bzw. solche Eigenschaften abgefragt werden. FORTRAN 77 enthält drei Anweisungen, mit denen dieses bis zu einem gewissen Grade auf Programmebene möglich ist.

Die OPEN-Anweisung

Mit Hilfe dieser Anweisung kann eine auf Betriebssystemebene existierende Datei an das Programm angebunden werden; es kann eine Datei kreiert werden oder es können gewisse Eigenschaften in der Verbindung zwischen einer Datei und einer Einheitennummer geändert werden.

Die allgemeine Form der Anweisung ist

    OPEN (opliste)

opliste ist eine Liste von Spezifikationen, von denen nur die erste obligat ist (dafür kann bei dieser das Schlüsselwort UNIT = entfallen). Alle übrigen Spezifikationen sind optional.

Liste der Spezifikationen und ihrer Bedeutung:

Spezifikation	erlaubte Werte und ihre Bedeutung
[UNIT =] u	Nicht-negativer Integer-Ausdruck, der die externe Einheit angibt. Die Angabe zu u ist obligatorisch; alle anderen Angaben sind optional.
IOSTAT = ios	Integer-Variable oder Integer-Array-Element. Wirkt wie ein Ausgabeparameter. Das Ergebnis ist Null, wenn kein Fehler auftrat, sonst positiv.
ERR = s	Sprung nach s bei Fehler, Marke s in gleicher Progr.-Einheit
FILE = dat-name	Character-Ausdruck, der den Dateinamen enthält (evtl. nach Abschneiden nachlaufender blanks).
STATUS = sta	Character-Ausdruck, der nach Abschneiden evtl. nachlaufender blanks einen der Werte OLD, NEW, SCRATCH oder UNKNOWN haben muß. Der Status der Datei wird angegeben. Bei OLD und NEW muß FILE = dat-name angegeben werden. Bei OLD muß die Datei existieren, bei NEW nicht. Ist SCRATCH angegeben, dann darf kein Dateiname angegeben sein und die Datei steht nach Ende des Programms oder nach CLOSE (mit gleichem u) nicht mehr zur Verfügung. Bei UNKNOWN ist der Status rechnerabhängig. Fehlt diese Spezifikation, dann wird UNKNOWN angenommen.

Spezifikation	erlaubte Werte und ihre Bedeutung
ACCESS = acc	Character-Ausdruck, der die Zugriffsart angibt. Nach Abschneiden evtl. nachlaufender blanks muß er einen der beiden Werte SEQUENTIAL oder DIRECT haben. Fehlt diese Spezifikation, dann wird SEQUENTIAL angenommen (sequentieller Zugriff). Bei ACCESS = 'DIRECT' muß stets die Satzlänge (RECL) angegeben werden.
FORM = fm	Character-Ausdruck, der angibt, ob formatierte oder unformatierte Ein-/Ausgabe erfolgen soll. Nach Abschneiden evtl. nachlaufender blanks muß er einen der beiden Werte FORMATTED oder UNFORMATTED haben. Fehlt diese Spezifikation, dann wird bei direktem Zugriff UNFORMATTED und bei sequentiellem Zugriff FORMATTED angenommen.
RECL = rl	Integer-Ausdruck, dessen Wert >0 sein muß. Angabe der Satzlänge für eine Datei im direkten Zugriff. Ist die Datei für formatierte Ein-/Ausgabe zugeordnet, dann ist die Satzlänge durch die Anzahl der Zeichen gegeben.
BLANK = bl	Character-Ausdruck, nach Abschneiden evtl. nachlaufender blanks muß er einen der beiden Werte NULL oder ZERO haben. Ist NULL angegeben, dann werden bei formatierter Eingabe alle blanks überlesen. Stehen nur blanks, dann wird der Wert 0 angenommen. Ist ZERO angegeben, dann werden alle blanks außer den führenden als Nullen interpretiert. Fehlt die Spezifikation, dann wirkt dies wie NULL.

Beispiele:
```
      INTEGER INPUT, ERROR
      CHARACTER*4 DAT1
      COMMON /EINH/ INPUT
      READ(5,100) DAT1
      OPEN (INPUT, FILE='MYFILE' ,STATUS='NEW',
     +    BLANK=DAT1)
      OPEN (77, ERR=999, FILE='OURFILE',
     +    ACCESS='DIRECT',
     +    FORM='FORMATTED', RECL=1024)

      OPEN (UNIT=90, IOSTAT=ERROR, STATUS='SCRATCH',
     +    BLANK='ZERO')
      IF (ERROR .GT. 0) THEN
         ...
```

Die CLOSE-Anweisung

Mit dieser Anweisung wird die Zuordnung einer Datei zu einer Einheitennummer aufgehoben.
Die allgemeine Form der Anweisung ist:

CLOSE (clliste)

clliste ist eine Liste von Spezifikationen, von denen nur die erste obligat ist.

Liste der Spezifikationen und ihre Bedeutung:

Spezifikation	erlaubte Werte und ihre Bedeutung
[UNIT =] u	Wie bei OPEN
IOSTAT = ios	Wie bei OPEN
ERR = s	Wie bei OPEN
STATUS = sta	Character-Ausdruck, der den Status angibt. Nach Abschneiden evtl. nachlaufender blanks muß er einen der beiden Werte KEEP oder DELETE haben. Wird DELETE angegeben, dann existiert die Datei nach Durchführung der CLOSE-Anweisung nicht mehr, bei KEEP existiert sie weiterhin. Wird die Spezifikation weggelassen, so wird KEEP angenommen, es sei denn, der Datei-Status war SCRATCH. In diesem Falle wird DELETE angenommen.

Bemerkung: Bei normaler Beendigung eines Programms werden alle zugeordneten Einheiten abgeschlossen (implizites CLOSE). Die Wirkung ist die gleiche wie bei Anwendung der CLOSE-Anweisung ohne die Spezifikation STATUS.

Beispiel:
```
INTEGER INPUT,FEHLER
COMMON /EINH/ INPUT
CLOSE (INPUT, STATUS='KEEP')
CLOSE (UNIT=17, IOSTAT=FEHLER, STATUS='DELETE')
IF (FEHLER .GT. 0) THEN
   ...
CLOSE (90)
```

Die INQUIRE-Anweisung

Mit der INQUIRE-Anweisung kann man sich über eine Datei informieren. Die Anweisung kann vor der Zuordnung einer Datei zu einer Einheit (also vor der OPEN-Anweisung), während der

Zuordnung (nach OPEN, aber vor CLOSE) oder nach Abschluß (nach CLOSE) benutzt werden.

Die Werte der einzelnen Spezifikationen werden durch die INQUIRE-Anweisung besetzt, sie wirken also wie Ausgabeparameter bei Unterprogrammen (Ausnahme ist nur die Spezifikation ERR).

Es gibt die beiden folgenden Formen der Anweisung:

(1) **INQUIRE ([UNIT =] u, inq-liste)**

(2) **INQUIRE (FILE = dat-name, inq-liste)**

Die erste Form bezeichnet man als "INQUIRE by unit", die zweite als "INQUIRE by file". u und dat-name haben die gleiche Bedeutung wie bei der OPEN-Anweisung. inq-liste ist eine Liste der folgenden möglichen Angaben (Spezifikationen); mit Ausnahme von ERR muß der Programierer stets eine Variable oder ein Array-Element als Wert der Spezifikation angeben.

Alle Spezifikationen der Liste sind optional.

Spezifikation	Typ der Variablen	Wirkung
IOSTAT = ios	Integer	Wie bei OPEN
ERR = s	Marke (einzige Ausnahme, da hier keine Variable, sondern die Marke einer ausführbaren Anweisung anzugeben ist)	Wie bei OPEN
EXIST = ex	Logical	.TRUE., wenn die Datei existiert, sonst .FALSE.
OPENED = od	Logical	.TRUE., wenn zugeordnet, sonst .FALSE.
NUMBER = num	Integer	Nur bei Form (2), Dateinummer wird geliefert (bei Form (1) undefiniert)
NAMED = nmd	Logical	Nur bei Form (1), .TRUE., wenn die Datei einen Namen hat, sonst .FALSE.

Spezifikation	Typ der Variablen	Wirkung
NAME = fn	Character	Nur bei Form (1), Dateiname wird geliefert (bei Form (2) undefiniert)
ACCESS = acc	Character	SEQUENTIAL oder DIRECT wird geliefert
SEQUENTIAL = seq	Character	Geliefert wird YES, NO oder UNKNOWN, je nachdem, ob sequentiell zugegriffen werden kann oder nicht oder ob dieses nicht bekannt ist.
DIRECT = dir	Character	Geliefert wird YES, NO oder UNKNOWN, je nachdem, ob direkt zugegriffen werden kann oder nicht oder ob dieses nicht bekannt ist
FORM = fm	Character	Geliefert wird FORMATTED oder UNFORMATTED, je nachdem, ob die Datei für formatierten oder unformatierten Zugriff zugeordnet ist
FORMATTED = fmt	Character	Geliefert wird YES, NO oder UNKNOWN
UNFORMATTED = unf	Character	Geliefert wird YES, NO oder UNKNOWN
RECL = rcl	Integer	Geliefert wird die Satzlänge bei Dateien mit direktem Zugriff
NEXTREC = nr	Integer	Bei Dateien mit direktem Zugriff wird die Nummer des nächsten Satzes geliefert. Wurden n Sätze gelesen oder geschrieben, dann ist nr = n + 1 (auch für n = 0)
BLANK = bl	Character	Geliefert wird NULL oder ZERO (siehe OPEN). Undefiniert, wenn kein formatierter Zugriff.

Beispiele:
```
        INTEGER RLANG
        CHARACTER*10 ZUGR,Z,JA
        ...
        INQUIRE (97, ACCESS=ZUGR, RECL=RLANG)
        IF (ZUGR .EQ. 'DIRECT') THEN
           OPEN (98, ACCESS=ZUGR, RECL=RLANG)
           ...
        END IF
        INQUIRE (FILE='MYFILE', FORMATTED=JA, BLANK=Z)
        IF (JA .EQ. 'YES') THEN
           IF (Z .EQ. 'ZERO') THEN
              ...
           END IF
           ...
        END IF
```

7.7 Die Anweisungen ENDFILE, BACKSPACE und REWIND

Bei Dateien, die für sequentiellen Zugriff zugeordnet sind, gibt es drei weitere Anweisungen.
Ihre Form ist:

ENDFILE u	oder	**ENDFILE (pliste)**
BACKSPACE u	oder	**BACKSPACE (pliste)**
REWIND u	oder	**REWIND (pliste)**

Die links stehenden Varianten existieren aus Kompatibilitätsgründen zu FORTRAN IV.
u ist die Bezeichnung einer externen Einheit (siehe OPEN, READ, WRITE). pliste ist eine Liste mit folgenden möglichen Angaben (Spezifikationen):

[UNIT] = u
IOSTAT = ios
ERR = s

Die Bedeutung dieser Spezifikationen ist die gleiche wie bei der OPEN-Anweisung, die Angabe zu u ist obligat, die beiden anderen Angaben sind optional.
Die ENDFILE-Anweisung bewirkt, daß eine Satzendemarke geschrieben wird, diese ist ein eigener (letzter) Satz in der mit u spezifizierten Datei. Wird die ENDFILE-Anweisung auf eine Datei angewendet, die zugeordnet ist, aber nicht existiert, so wird die Datei dadurch kreiert.
Bei einer sequentiellen Datei kann man sich einen Zeiger denken, der jeweils auf den Anfang des Satzes zeigt, der gerade gelesen oder geschrieben wird.
Die BACKSPACE-Anweisung bewirkt, daß der Zeiger um einen Satz zurückgesetzt wird; ein soeben geschriebener Satz läßt sich dann wieder lesen. Diese Anweisung darf nicht auf Sätze angewandt

werden, die listengesteuert geschrieben wurden. Ein *Vorsetzen* des Zeigers um einen Satz wird durch READ mit leerer Liste bewirkt.
Mit der REWIND-Anweisung wird der Zeiger auf den Beginn der Datei positioniert. Vor der ersten Ein-/Ausgabeanweisung auf eine sequentielle Datei ist der Zeiger auf den Dateianfang positioniert.

Beispiele:

(1)
```
    ENDFILE 77
    ENDFILE (77)
    ENDFILE (UNIT=77)
```
Alle drei Anweisungen bewirken dasselbe.

(2)
```
    INTEGER N,NDAT
    PARAMETER (N=100)
    REAL X(N), Y(N)
    ...
    WRITE (NDAT, '(10F8.2)') (X(I), I=1,N)
    DO 10 I=1,N/10
       BACKSPACE (NDAT, ERR=999)
 10 CONTINUE
    READ (NDAT,'(10F8.2)') (Y(I),I=1,N)
    ...
999 CONTINUE
    WRITE (*,'(''FEHLER'')')
```

(3) Unformatiertes Schreiben in eine Datei, Zurücksetzen mittels REWIND und anschließend unformatiertes Lesen aus der Datei

```
    INTEGER I,J,N,FAIL
    PARAMETER (N=...)
    REAL A(N,N), B(0:N-1,0:N-1)
    ...
    DO 10 I=1,N
       WRITE(25) (A(I,J),J=1,N)
 10 CONTINUE
    ...
    REWIND (25, IOSTAT=FAIL)
    IF (FAIL .GT. 0) THEN
       WRITE(*,(''FEHLER□BEIM□REWIND'')')
       STOP
    ELSE
       DO 20 I=0,N-1
          READ(25) (B(I,J), J=0,N-1)
 20    CONTINUE
       ...
    END IF
```

Ralf Steinmetz

OCCAM 2

Die Programmiersprache für parallele Verarbeitung
Ein Einführungs- und Nachschlagewerk

1987, X, 130 S., kart., DM 48,—
ISBN 3-7785-1437-7

Dieses Buch wendet sich an Informatiker, Ingenieure, Studenten dieser Fachrichtungen und Programmierer, die schon Erfahrungen mit höheren Programmiersprachen besitzen. Es ist zugleich eine einfache Einführung in die Programmiersprache Occam und ein Nachschlagewerk für den Occam-Kenner.
Occam ist noch eine sehr junge Sprache. Dies führt den wesentlichen Nachteil mit sich, daß die Definition der Sprache immer wieder leichte Änderungen erfährt. Unter diesem Gesichtspunkt ist auch die Syntaxdefinition (in einer erweiterten Backus-Naur-Form, Abk.: BNF) zu sehen: Die Syntax läßt viele Fragen offen, die erst auf Semantikebene geklärt werden, obwohl dies auf Syntaxebene besser möglich wäre. Trotzdem wurde in diesem Buch die Syntax von Dr. David May mit einigen Korrekturen übernommen, um keine Verwirrung beim Lesen anderer Literatur hervorzurufen. Deshalb wurden auch die englischen Begriffe in der BNF beibehalten und nur im Text Übersetzungen verwendet. Im Anhang befindet sich dann eine kleine Übersicht der sich entsprechenden englischen und deutschen Begriffe.
Grundlage für dieses Buch ist die Definition von Occam 2 nach einer Inmosinternen Produkt-Definition von Dr. David May /May 86b/ (Juni 1986) unter Berücksichtigung wesentlicher Aspekte von /May 87/ (Februar 1987). Getestet wurden die Beispiele zuletzt mit dem TDS-Entwicklungssystem IMS D701 Version 0.7 von der Fa. Inmos. Als Hardware stand ein B004 kompatibles Board der Fa. Hema in einem IBM AT zur Verfügung. In diesem Buch steht Occam, und nicht eine spezielle Implementierung, im Vordergrund.

Dr. Alfred Hüthig Verlag
Im Weiher 10
6900 Heidelberg 1

Klaus Brauer

Programmieren in FORTRAN 77

1985, 308 S., kart., DM 46,—
ISBN 3-7785-1068-1

FORTRAN ist seit langem die im technisch-wissenschaftlichen Bereich weltweit am häufigsten eingesetzte Programmiersprache. Da auf Mikrorechnern nicht der volle Sprachumfang realisiert ist, sondern nur die Sprachmittel des „subset" verfügbar sind, wird auf die Einschränkungen des „subset" detailliert eingegangen.

An eine kurze Einführung über Hardware, Systemumgebung und algorithmische Bearbeitung eines Problems schließt, sich eine vollständige und systematische Beschreibung aller Sprachmittel an. Besonderes Gewicht wird auf vollständige, ausgetestete Beispiele gelegt sowie auf die Schwächen einige Sprachkonstrukte und die Probleme, die sich bei deren unbedenklicher Anwendung ergeben. Die Gliederung der Kapitel ist so ausgelegt, daß von den einfachsten - ständig benötigten - Sprachmitteln zu den komplizierteren fortgeschritten wird. Die grundlegenden Sprachmittel werden dabei breiter dargestellt als die spezielleren, da letztere i. a. seltener benötigt werden.

Ziel des Buches ist es, den Leser in die Lage zu versetzen, selbständig größere Probleme in FORTRAN 77 bearbeiten zu können.

**Dr. Alfred Hüthig Verlag
Im Weiher 10
6900 Heidelberg 1**

Harald Göckel

COBOL-Programmierte Unterweisung

1986, 430 S., kart., DM 58,—
ISBN 3-7785-1371-0

COBOL ist eine der ältesten, höheren Programmiersprachen. Obwohl mittlerweile mehrere leistungsfähige Programmiersprachen auf den Markt kommen, ist COBOL immer noch die Sprache im kaufmännischen Bereich. Dieses Buch vermittelt die erforderlichen Kenntnisse, Programme in COBOL zu erstellen. Aufgrund des in Form einer programmierten Unterweisung erstellten Lehrstoffes ist der Lernende in der Lage, ohne fremde Hilfe das nötige Wissen selbst zu erarbeiten. Besondere Vorkenntnisse sind nicht erforderlich, da auch grundlegende Begriffe der Datenverarbeitung beschrieben sind. Vorhandene EDV-Kenntnisse sind aber von Vorteil. Das Buch ist in vier Abschnitte untergliedert:
1. Lerntext, 2. Aufgaben,
3. Lösungen zu 2., 4. Glossar.

Der Lehrstoff wird überwiegend an Beispielen in Verbindung mit IBM-ANS COBOL erklärt. Hinweise zum COBOL anderer Hersteller bzw. Standard COBOL sind an entsprechenden Textstellen vorhanden. In letzter Zeit wird COBOL auch vermehrt bei Personal-Computern eingesetzt. Das in diesem Buch vermittelte Wissen bildet auch hierzu die Basis.

Dr. Alfred Hüthig Verlag
Im Weiher 10
6900 Heidelberg 1